RELATION OFFICIELLE
DE LA VISITE A LONDRES
DU CONSEIL MUNICIPAL

ET

DE LA VISITE A PARIS
DU CONSEIL DE COMTÉ DE LONDRES

16-21 OCTOBRE 1905
5-10 FÉVRIER 1906

PARIS
IMPRIMERIE NATIONALE

MDCCCCVI

RELATION OFFICIELLE
DE LA VISITE À LONDRES
DU CONSEIL MUNICIPAL

ET

DE LA VISITE À PARIS
DU CONSEIL DE COMTÉ DE LONDRES

RELATION OFFICIELLE
DE LA VISITE À LONDRES
DU CONSEIL MUNICIPAL

ET

DE LA VISITE À PARIS
DU CONSEIL DE COMTÉ DE LONDRES

16-21 OCTOBRE 1905

5-10 FÉVRIER 1906

PARIS

IMPRIMERIE NATIONALE

MDCCCCVI

RÉPUBLIQUE FRANÇAISE
LIBERTÉ, ÉGALITÉ, FRATERNITÉ

CONSEIL MUNICIPAL
DE PARIS

BUREAU

DU

CONSEIL MUNICIPAL DE PARIS.

(ÉLU À L'OUVERTURE DE LA PREMIÈRE SESSION ORDINAIRE DE 1905.)

PRÉSIDENT :

M. le Docteur Paul BROUSSE.

VICE-PRÉSIDENTS :

MM. REBEILLARD,
   Henri ROUSSELLE.

SECRÉTAIRES :

MM. BRENOT,
   MARCHAND,
   Henri TUROT,
   HEPPENHEIMER.

SYNDIC :

M. Léopold BELLAN.

ADMINISTRATION DE LA VILLE DE PARIS
ET DU DÉPARTEMENT DE LA SEINE.

Préfet de la Seine : M. DE SELVES.

Secrétaire général de la Préfecture de la Seine : M. Autrand.
Directeur du Cabinet du Préfet de la Seine : M. Armand Bernard.

Préfet de Police : M. LÉPINE.

Secrétaire général de la Préfecture de Police : M. Laurent.
Chef du Cabinet du Préfet de Police : M. Corne.

SERVICES ADMINISTRATIFS.

Directeur des Finances : M. Desroys du Roure.
Directeur de l'Enseignement : M. Bedorez.
Directeur de l'Assistance publique : M. Mesureur.
Directeur de l'Octroi : M. Quennec.
Directeur du Mont-de-Piété : M. Martin-Feuillée.
Directeur des Affaires municipales : M. Menant.
Directeur des Affaires départementales : M. Defrance.
Directeur administratif des Travaux : M. de Pontich.
Directeur des Services d'Architecture & des Promenades : M. Bouvard.
Directeur du Personnel : M. de Metz.
Directeur de l'Inspection administrative & du Contentieux : M. Derouin.
Directeur des Secrétariats du Conseil municipal & du Conseil général : M. Paoletti.
Receveur municipal : M. Courbet.
Chef du Service du Matériel : M. Arnaud.
Inspecteur en chef des Beaux-Arts : M. Brown.

LISTE ALPHABÉTIQUE

DE

MM. LES MEMBRES DU CONSEIL MUNICIPAL DE PARIS.

MM.

ACHILLE, négociant, *quartier des Archives* (IIIe arrondissement), rue du Temple, 178.

ALPY, docteur en droit, avocat à la Cour d'appel, *quartier de l'Odéon* (VIe arrondissement), rue Bonaparte, 68.

ANDIGNÉ (D'), ancien officier de cavalerie, *quartier de la Muette* (XVIe arrondissement), rue Franklin, 19.

AULAN (Comte D'), ancien député, *quartier de Chaillot* (XVIe arrondissement), rue Léonard-de-Vinci, 5.

BARILLIER, marchand boucher, *quartier Rochechouart* (IXe arrondissement), avenue Trudaine, 27.

BELLAN, négociant, *quartier du Mail* (IIe arrondissement), rue des Jeûneurs, 30.

BERTHAUT, facteur de pianos, *quartier de Belleville* (XXe arrondissement), rue des Couronnes, 122.

BERTROU (Gabriel), avocat à la Cour d'appel, *quartier Gaillon* (IIe arrondissement), rue de Lisbonne, 11.

BILLARD (Eugène), avocat à la Cour d'appel, *quartier de la Place-Vendôme* (Ier arrondissement), avenue de l'Opéra, 3.

BRENOT, industriel, *quartier Sainte-Avoye* (IIIe arrondissement), allée Verte, 4, & rue Saint-Sabin, 58.

BROUSSE (Paul), docteur en médecine, *quartier des Épinettes* (XVIIe arrondissement), avenue de Clichy, 81.

B.

Bussat, représentant de commerce, *quartier de la Chapelle* (XVIIIe arrondissement), boulevard de la Chapelle, 14.

Caire (César), docteur en droit, avocat à la Cour d'appel, *quartier de l'Europe* (VIIIe arrondissement), rue de Constantinople, 39.

Caron (Ernest), avocat, ancien agréé, *quartier Vivienne* (IIe arrondissement), rue Saint-Lazare, 80.

Chassaigne-Goyon, docteur en droit, avocat, *quartier du Faubourg-du-Roule* (VIIIe arrondissement), rue La Boëtie, 110.

Chausse, ébéniste, *quartier Sainte-Marguerite* (XIe arrondissement), rue Godefroy-Cavaignac, 8.

Chautard, docteur ès sciences, *quartier Necker* (XVe arrondissement), rue Olivier-de-Serres, 15.

Chérioux (Adolphe), entrepreneur de maçonnerie, *quartier Saint-Lambert* (XVe arrondissement), rue de l'Abbé-Groult, 95.

Colly, imprimeur, *quartier de Bercy* (XIIe arrondissement), quai de la Râpée, 2.

Dausset (Louis), agrégé de l'Université, *quartier des Enfants-Rouges* (IIIe arrondissement), rue Béranger, 6.

Deslandres, *quartier Croulebarbe* (XIIIe arrondissement), rue Vulpian, 1.

Desplas, avocat, *quartier du Jardin-des-Plantes* (V^e arrondissement), rue de l'Arbalète, 34.

Deville, avocat à la Cour d'appel, *quartier Notre-Dame-des-Champs* (VIe arrondissement), rue du Regard, 12.

Duval-Arnould, docteur en droit, avocat à la Cour d'appel, *quartier Saint-Germain-des-Prés* (VIe arrondissement), rue de Rennes, 95.

Escudier (Paul), avocat à la Cour d'appel, *quartier Saint-Georges* (IXe arrondissement), rue Moncey, 20.

Evain, avocat à la Cour d'appel, *quartier d'Auteuil* (XVIe arrondissement), rue Michel-Ange, 68.

Faillet, comptable, *quartier de l'Hôpital-Saint-Louis* (Xe arrondissement), boulevard de la Villette, 57.

Fribourg, employé, *quartier de Picpus* (XIIe arrondissement), boulevard de Reuilly, 40.

Froment-Meurice (François), industriel, *quartier de la Madeleine* (VIIIe arrondissement), rue d'Anjou, 46.

Galli (Henri), homme de lettres, *quartier de l'Arsenal* (IVe arrondissement), rue de Courcelles, 111 *bis*.

Gay, publiciste, *quartier de la Porte-Dauphine* (XVIe arrondissement), rue de Sfax, 4.

Gelez, employé, *quartier Saint-Ambroise* (XIe arrondissement), rue du Chemin-Vert, 99.

Girou (Georges), administrateur commercial, *quartier de la Porte-Saint-Denis* (Xe arrondissement), boulevard de Strasbourg, 71.

Grébauval (Armand), homme de lettres, *quartier du Combat* (XIXe arrondissement), rue de la Villette, 47.

Hénaffe, graveur, *quartier de la Santé* (XIVe arrondissement), rue de la Tombe-Issoire, 36.

Heppenheimer, ébéniste, *quartier de la Goutte-d'Or* (XVIIIe arrondissement), rue Doudeauville, 35.

Houdé, industriel, *quartier de la Porte-Saint-Martin* (Xe arrondissement), rue Albouy, 29.

Jolibois, conducteur des ponts & chaussées, *quartier Notre-Dame* (IVe arrondissement), quai de l'Hôtel-de-Ville, 46.

Jousselin, rentier, *quartier des Ternes* (XVIIe arrondissement), avenue Mac-Mahon, 35.

LAJARRIGE, chaudronnier en cuivre, *quartier du Pont-de-Flandre* (XIXe arrondissement), rue de Flandre, 130.

LAMBELIN (Roger), publiciste, *quartier des Invalides* (VIIe arrondissement), rue de Bellechasse, 45.

LAMPUÉ, photographe, *quartier du Val-de-Grâce* (V^e arrondissement), boulevard de Port-Royal, 72.

LANDRIN, ciseleur, *quartier du Père-Lachaise* (XXe arrondissement), rue des Prairies, 81.

LEFÈVRE (André), chimiste, *quartier de la Sorbonne* (V^e arrondissement), rue Valette, 21.

LE GRANDAIS, publiciste, *quartier de Clignancourt* (XVIIIe arrondissement), rue des Cloys, 14.

LE MENUET (Ferdinand), *quartier Saint-Germain-l'Auxerrois* (Ier arrondissement), rue de Rivoli, 67.

LEVÉE, industriel, *quartier du Palais-Royal* (Ier arrondissement), rue de Rivoli, 176.

MARCHAND, bijoutier, *quartier Saint-Fargeau* (XXe arrondissement), avenue Gambetta, 177.

MARSOULAN, fabricant de papiers peints, *quartier du Bel-Air* (XIIe arrondissement), rue de Paris, 90-92, à Charenton (Seine).

MASSARD (Émile), publiciste, *quartier de la Plaine-Monceau* (XVIIe arrondissement), rue Jouffroy, 47.

MÉNARD (Joseph), avocat à la Cour d'appel, *quartier du Gros-Caillou* (VIIe arrondissement), rue Dupont-des-Loges, 9.

MÉRY (Gaston), homme de lettres, *quartier du Faubourg-Montmartre* (IXe arrondissement), rue Bergère, 28.

MITHOUARD (Adrien), homme de lettres, *quartier de l'École-Militaire* (VIIe arrondissement), place Saint-François-Xavier, 10.

Moreau (Ernest), forgeron, *quartier de Grenelle* (XVe arrondissement), rue Violet, 39.

Morel (Pierre), employé, *quartier des Quinze-Vingts* (XIIe arrondissement), boulevard Diderot, 84.

Mossot, négociant en vins, *quartier de la Salpêtrière* (XIIIe arrondissement), rue Lebrun, 11.

Navarre, docteur en médecine, *quartier de la Gare* (XIIIe arrondissement), avenue des Gobelins, 30.

Opportun, ancien commerçant, *quartier Saint-Merri* (IVe arrondissement), rue des Archives, 13.

Oudin (Adrien), docteur en droit, avocat à la Cour d'appel, *quartier de la Chaussée-d'Antin* (IXe arrondissement), avenue du Coq, 7.

Pannflier, photographe, *quartier de Plaisance* (XIVe arrondissement), avenue du Maine, 76.

Paris, ouvrier charron, *quartier de la Villette* (XIXe arrondissement), rue de Flandre, 33.

Patenne, graveur, *quartier de Charonne* (XXe arrondissement), rue des Pyrénées, 89.

Piperaud, ancien chef d'institution, *quartier Saint-Gervais* (IVe arrondissement), rue de Sévigné, 12.

Poirier de Narçay, docteur en médecine & homme de lettres, *quartier du Petit-Montrouge* (XIVe arrondissement), rue d'Alésia, 81.

Poiry, peintre d'enseignes & décorateur, *quartier de Javel* (XVe arrondissement), rue des Bergers, 16.

Quentin (Maurice), docteur en droit, avocat à la Cour d'appel, *quartier des Halles* (Ier arrondissement), rue du Louvre, 44.

Quentin-Bauchart, avocat & homme de lettres, *quartier des Champs-Élysées* (VIIIe arrondissement), rue François-Ier, 31.

Ranson, représentant de commerce, *quartier du Montparnasse* (XIVᵉ arrondissement), rue Froideveaux, 6.

Ranvier, peintre éventailliste, *quartier de la Roquette* (XIᵉ arrondissement), rue Camille-Desmoulins, 3.

Rebeillard, inspecteur départemental des Enfants-Assistés (E. D.), *quartier Bonne-Nouvelle* (IIᵉ arrondissement), rue Palestro, 1.

Rendu (Ambroise), docteur en droit, avocat à la Cour d'appel, *quartier Saint-Thomas-d'Aquin* (VIIᵉ arrondissement), rue de Lille, 36.

Roussel (Félix), docteur en droit, avocat à la Cour d'appel, *quartier de la Monnaie* (VIᵉ arrondissement), boulevard Saint-André, 4.

Rousselle (Henri), commissionnaire en vins, *quartier de la Maison-Blanche* (XIIIᵉ arrondissement), rue Hallé, 34.

Rousset (Camille), éditeur, *quartier Saint-Vincent-de-Paul* (Xᵉ arrondissement), rue Lafayette, 114.

Rozier (Arthur), employé, *quartier d'Amérique* (XIXᵉ arrondissement), rue Compans, 60 *bis*.

Sauton, architecte, *quartier Saint-Victor* (Vᵉ arrondissement), place Maubert, 3.

Sohier, *quartier des Batignolles* (XVIIᵉ arrondissement), boulevard de Courcelles, 87.

Tantet, ancien négociant, *quartier des Arts-et-Métiers* (IIIᵉ arrondissement), rue Turbigo, 89.

Turot (Henri), publiciste, *quartier des Grandes-Carrières* (XVIIIᵉ arrondissement), rue d'Orsel, 47 *ter*.

Weber (Joseph), représentant de commerce, *quartier de la Folie-Méricourt* (XIᵉ arrondissement), rue d'Angoulême, 37.

Chef du Cabinet du Président du Conseil municipal : M. Léon Martin.

AVANT-PROPOS.

L'entente municipale de Londres & de Paris a des origines déjà anciennes. Les relations de la grande métropole du Royaume-Uni de Grande-Bretagne & d'Irlande avec la capitale de la France, toujours empreintes de la plus réelle cordialité, remontent assez haut dans le passé.

Après le siège de Paris, en 1871, les sentiments de généreuse sympathie des habitants de Londres pour les Parisiens se traduisirent par la formation, sous les auspices du Lord-Maire de la Cité de Londres, d'un Comité qui fit parvenir, le jour même du rétablissement des communications, d'importantes provisions de bouche destinées aux pauvres de Paris; des envois répétés de médicaments, de vivres, de vêtements, etc., suivirent aussitôt.

Le souvenir de cette sympathie active, de cette aide immédiate, qui adoucit certainement, pour des milliers de pauvres familles, les souffrances consécutives du siège de Paris, ne s'est jamais affaibli dans la mémoire des Parisiens qui furent alors les témoins émus du réel dévouement avec lequel les Anglais, membres du Comité de secours, entendirent leur mission de fraternelle solidarité, & qui virent leurs délégués à l'œuvre dans Paris éprouvé, épuisé par sa longue résistance.

En 1889, à l'occasion de l'Exposition universelle, qui coïncidait avec la célébration du Centenaire de la Révolution française, les industriels & les commerçants de Londres, unis à ceux des principales villes du Royaume-Uni, firent une nouvelle manifestation de sympathie pour la France & pour Paris.

M. le Docteur Chautemps, alors président du Conseil municipal de Paris, qui avait tenu à honneur de faire aux délégations des ouvriers anglais un accueil très amical, rendit visite, en octobre 1889, à la corporation de la Cité de Londres. Il fut reçu avec beaucoup de distinction & par le Lord-Maire & par lord Rosebery, le premier président du nouveau Conseil de Comté de Londres qui venait seulement d'être institué, & qui lui avait adressé la lettre autographe suivante, dans laquelle l'expression d'entente cordiale est déjà employée :

Mentmore, Leighton Buzzard, 11 octobre 1889.

MONSIEUR LE PRÉSIDENT,

On vous prête l'intention de vouloir vous rendre prochainement à Londres. J'espère bien en ce cas que vous me permettrez d'avoir l'honneur de faire votre connaissance personnelle & de témoigner l'entente cordiale entre les Conseils de Paris & de Londres.

Dans ma qualité de Président du « County Council » de Londres ainsi que de celle d'un simple particulier bien désireux que votre séjour en

Angleterre vous soit rendu agréable en vous faisant voir les environs ainsi que les monuments de Londres, je viens vous prier de me faire une visite ici, où je serais charmé de vous recevoir à ma maison de campagne le jour qui vous conviendra le mieux.

Agréez, Monsieur le Président, l'expression de ma plus haute considération.

ROSEBERY.

Le Président du Conseil municipal de Paris accepta cette amicale invitation. Les excellents rapports entre les deux grandes capitales n'ont pas cessé depuis. Chaque fois que des élus ou des fonctionnaires ont eu à faire sur place, soit à Londres, soit à Paris, des études ou des constatations relatives aux questions municipales, ils ont toujours été l'objet des attentions des corps municipaux ou des personnes placées à la tête des diverses administrations locales, chacun s'efforçant de rivaliser de courtoisie.

L'avènement au trône de S. M. le Roi Édouard VII, que les Parisiens connaissaient bien comme Prince de Galles, & qui a su se conquérir à Paris une popularité incomparable, montra combien la population parisienne a la mémoire du cœur, sait aimer qui l'apprécie & qui l'aime vraiment. Quand toute l'Europe suivait avec anxiété les phases de la grave maladie qui atteignit si fâcheusement le Roi à l'époque prévue pour son couronnement, si l'émotion fut grande chez tous les peuples, on peut affirmer que nulle part elle ne fut plus vive & plus sincère qu'à Paris & que la nouvelle de sa guérison ne *fut en aucun pays, sinon dans son propre royaume, plus joyeusement accueillie.*

Cette sympathie des Parisiens devait se manifester plus spécialement, le 2 mai 1903, quand S. M. le Roi d'Angleterre, à l'occasion de sa visite en France, d'une si grande portée politique, fut reçue solennellement à l'Hôtel de Ville. Le Président du Conseil municipal, M. Deville, put se faire alors l'interprète de Paris en ces termes :

«La population de notre Cité salue le retour d'un hôte qu'elle est habituée à entourer de respectueuses sympathies, d'un ami ancien qui n'oublie pas plus qu'il n'est oublié & au sujet duquel elle partageait, l'année dernière, les douloureuses inquiétudes du peuple britannique.

«Nous apprécions, nous, tout l'honneur & tout l'intérêt de cette visite, qui est une garantie de paix entre deux nations voisines & un gage de relations toujours plus étroites & plus cordiales entre deux grandes capitales : Londres & Paris.»

Quand M. Loubet, président de la République française, rendit la visite faite par le Roi d'Angleterre, l'accueil qu'il reçut de la population de Londres fut hautement apprécié par toute la France, mais eut un écho particulièrement vibrant à Paris.

L'entente cordiale ainsi établie entre les deux grandes nations libérales de l'Europe multiplia ses manifestations. C'est ainsi que, le 29 octobre 1903, l'Association internationale & commerciale de la Cité de Londres fut reçue dans les salons de l'Hôtel de Ville par la Municipalité de Paris.

Le 27 novembre, furent fêtés à leur tour les membres de la Chambre des Lords & de la Chambre des Communes, présentés par une délégation importante du groupe parlementaire français de l'arbitrage international, & ayant à leur tête lord Avebury.

Le 5 juillet 1904, M. Dubief présentait à la Municipalité de Paris une députation de l'Union des clubs ouvriers d'Angleterre, conduite par M. Hugh Bryan. M. Desplas, président du Conseil municipal, en lui souhaitant la bienvenue, déclarait : « Votre visite, Messieurs, nous est particulièrement agréable; elle succède à d'autres visites plus augustes ou plus solennelles, mais elle ne nous est pas moins précieuse, puisque, comme celles qui l'ont précédée, elle concourt à rendre plus étroites & plus cordiales les relations de votre pays avec le nôtre. »

En 1905, M. Paul Brousse, président du Conseil municipal, assisté de MM. de Selves, préfet de la Seine, & Lépine, préfet de Police, reçut solennellement à l'Hôtel de Ville, le 11 mai, les délégués des médecins & chirurgiens anglais. Le 15 juillet, il recevait Sir Francis Bertie, ambassadeur, le Vice-Amiral Sir William May, commandant en chef de l'Escadre britannique de l'Atlantique, & une délégation des officiers de cette magnifique escadre venue en visite à Brest où la Marine française la fêta cordialement.

C'est à cette réception que fut annoncée, dans les termes suivants, la prochaine visite du Conseil municipal de Paris au Conseil de Comté de Londres :

« *Aussi, comme l'homme de mer, le Parisien est-il doué d'un cœur courageux & sensible, capable d'amitiés sincères & durables; on ne le conquiert pas par l'appareil menaçant de la force militaire, il le faut séduire par un abord aimable, courtois, discret comme le vôtre.* (Très bien! Très bien!)

« *Depuis quelques années, vos compatriotes, à commencer par votre gracieux souverain, sont passés maîtres dans l'art de cette conquête. Hier encore, M. le Président du Conseil de Comté de Londres nous envoyait une invitation chaleureuse que le Conseil municipal de Paris a acceptée avec reconnaissance.*

« *Au mois d'octobre, les membres du Conseil municipal de Paris se rendront à Londres en grand nombre.*

« *Nous savons que la ceinture d'acier, invulnérable & mobile s'ouvrira pour laisser passer cette invasion française. Ce ne sera pas cette fois une invasion de Normands, la nef parisienne ayant à bord des originaires de tous les départements de la France.*

« *En espérant le moment de notre visite à Londres, je vous remercie de la visite agréable que vous avez bien voulu nous faire. J'adresse aussi mes remerciements à MM. les Officiers français qui font cortège à leurs compagnons d'armes, & je présente mes respectueux hommages aux dames dont la présence a rendu cette petite fête si gracieuse.»* (Applaudissements prolongés.)

C'est pour perpétuer le souvenir de la mémorable visite collective des élus de la population parisienne aux élus de la population de Londres que le Bureau du Conseil municipal de Paris avait décidé la publication du présent compte rendu officiel des fêtes de l'Entente municipale.

Le Conseil de Comté de Londres ayant bien voulu accepter l'invitation de la Ville de Paris & rendre, au mois de février 1906, au Conseil municipal la visite faite à Londres au mois d'octobre 1905, le Bureau du Conseil municipal a décidé que la même Relation officielle *comprendrait le compte rendu de l'ensemble des fêtes par lesquelles fut scellée l'Entente municipale entre Paris & Londres, ce qui en retarda un peu la publication.*

M. le Syndic L. Bellan, qui avait présidé à l'organisation du voyage de ses collègues à Londres & de la visite à Paris des membres du Conseil de Comté de Londres, en a surveillé l'édition. Le Bureau l'a confiée à M. Gaston Cadoux, chef de service à la Préfecture de la Seine, longtemps chef de bureau au Secrétariat du Conseil municipal, qui avait participé au voyage du Président du Conseil municipal en 1889 & à la visite collective de la Municipalité parisienne en Angleterre en 1905.

En publiant — sans attendre l'édition de la présente

Relation officielle *de cette visite collective — un compte rendu sommaire de l'émouvante réception faite à ses élus par la ville de Londres, dans le* Bulletin officiel de la Ville de Paris, *le Bureau du Conseil municipal a voulu porter, dès son retour, à la connaissance de tous les Parisiens les témoignages des sentiments d'entente, de bonne volonté & d'amitié, qui leur ont été prodigués par la Municipalité de Londres, ainsi que par toute la population londonienne.*

En faisant éditer ce livre, il a voulu laisser dans les archives de Paris un document exact rappelant cette sincère étreinte des représentants élus des deux Capitales, & marquer la volonté réfléchie de leurs immenses populations de s'unir pour hâter la réalisation de leurs communes aspirations vers la Paix, vers la Justice & vers le Progrès.

L'exécution du volume a été assurée par l'Imprimerie nationale, qui y a apporté son souci habituel de bon goût & de perfection, tant pour le tirage des illustrations, surtout documentaires, que pour l'impression du texte.

2973

RÉPUBLIQUE FRANÇAISE
Liberté · Égalité · Fraternité

À l'occasion de la visite faite par le London County Council à la Ville de Paris. La Municipalité offrira à l'Hôtel de Ville une réception officielle le Lundi 5 Février 1906.

M.

est prié de vouloir bien y assister.

à 10 heures ½

R.S.V.P.

Cette Carte est rigoureusement personnelle et n'est valable que pour une personne Elle doit être remise en entrant.

RELATION OFFICIELLE
DE LA VISITE À LONDRES
DU CONSEIL MUNICIPAL DE PARIS
16-21 OCTOBRE 1905

Le Conseil de Comté de Londres a été créé en 1889. C'est une assemblée municipale élue, dont l'autorité s'étend sur toute l'agglomération londonnienne & qui administre une population de 4,685,000 habitants, répartie sur une énorme superficie de 76,130 acres ou 30,801 hectares.

Le total des dépenses du Comté de Londres a été chiffré pour 1905 à environ 253,750,000 francs, tant pour le service ordinaire que pour les dépenses faites au moyen de fonds d'emprunt.

Le Conseil de Comté de Londres est formé par 118 conseillers élus & 19 aldermen ou échevins; il compte donc au total 137 membres.

Les conseillers sont élus pour trois ans au scrutin direct par tous les habitants de Londres qui sont chefs de famille, les propriétaires fonciers & les locataires ayant également le droit de vote. Le nombre des électeurs est de 742,400. Pour la nomination du Conseil de Comté, Londres est divisé en 58 circonscriptions électorales, dont 57 élisent chacune deux conseillers & une élit quatre représentants.

Les aldermen ou échevins sont nommés par les conseillers, & leur mandat a une durée double, de six années par conséquent, mais s'exerce exactement comme celui des conseillers.

A la tête du Conseil de Comté est placé un président, qui dirige ses travaux & est élu pour un an. Ce président est assisté d'un vice-président & d'un président-délégué (deputy-chairman).

Le Bureau du Conseil de Comté de Londres qui a invité le Conseil municipal de Paris à lui faire visite à Londres était ainsi formé :

Président : M. Edwin A. CORNWALL;

Vice-Président : M. Evan SPICER;

Président-délégué : M. le Lieutenant-Colonel C. PROBYN.

Voici la liste des membres qui composaient, au mois d'octobre 1905, le Conseil de Comté de Londres :

ALLEN, A. A.
ALLISTON, F. P.
BAILEY, William.
BAKER, J. Allen, M. P.
BARNES, Edmund, D. L., J. P.
BAWN, W. B.
BAYLEY, Edric.
BEACHROFT, Sir Melvill.
BEATON, R. M.
BELL, Sir W. J., LL. D., J. P. D. L.
BENN, J. Williams, M. P., D. L., J. P.
BLISS, Sir H. W., K. C. I. E.
BOWERMMAN, C. W.
BRANCH, James, J. P.
BRANDON, Jocelyn.
BRAY, Reginald.
BROOKE-HITCHING, Sir T. H.

BROWNE, Edmund.
BRUCE, W. W.
BURNS, John, M. P.
BUXTON, Alfred F.
CARRINGTON, Earl. G. C. M. G.
CHAMBERS, Frederick.
CHELMSFORD, Lord.
CLARKE, C. Goddard, J. P.
CLELAND, J. W.
COLLINS, Edward.
COLLINS, Stephen.
COLLINS, Sir William J., M. D. B. Sc. (Lond.), F. R. C. S.
COOPER, Benjamin.
COOPER, G. J.
CORNWALL, E. A., J. P.
CROOKS, William, M. P.

LA SALLE DES SÉANCES
DU CONSEIL DE COMTÉ DE LONDRES

Davies, Timothy.
Davies, Williams, J. P.
Dew, George.
Dickinson, W. H., D. L., J. P.
Dolman, Frederick.
Elcho, Lord.
Essex, Earl of.
Forman, E. Baxter, J. P.
Gaskell, T. Penn.
Gastrell, Major W. H. Hougton.
Gautrey, Thomas.
Gilbert, J. D.
Glanville, H. J.
Goldsmith, Frank.
Goodman, William.
Goodrich, Alfred O.
Gordon, H. H.
Gosling, Harry.
Granville-Smith, R. W., J. P.
Greenwood, H. J.
Guinness, The Hon. Rupert, C. M. G.
Hanhart, Nicholas.
Harben, H. A., J. P.
Hardy, G. A.
Harris, H. P.
Harvey, T. E.
Hemphill, Capt. F.
Horniman, E. J.
Hubbard, N. W.
Hunt, William.
Hunter, Thomas.
Idris, T. H. W., J. P.
Jackson, R. S.
Jeffery, James.
Jephson, Rev. A. W., J. P.
Jephson, H. L.
Johnson, W. C.
Jones, Rev. L. J.

Lampard, George.
Lancaster, W. J.
Lawson, Peter.
Leigh, The Hon. F. D.
Leon, A. L., J. P.
Lewis, John.
Low, Sidney.
Ludlow, Lord.
McDougall, Sir John.
Mitchell, Isaac.
Monkswell, Lord, J. P.
Mowatt, Sir Françis, G. C. B., I. S. O.
Mullins, W. E.
Napier, T. B., LL. D., J. P.
Parkinson, W. C.
Phillimore, R. C.
Piggott, John.
Pomeroy, Ambrose.
Pope, Walter.
Probyn, Lieut.-Col. C., J. P.
Radford, G. H.
Richmond, Sir W. B., K. C. B., R. A.
Robinson, R. A., J. P.
Rotton, Lieut.-Col. A., J. P.
Russell, Arthur B.
Sanders, W. S.
Sandhurst, Lord, G. C. S. I. G. C. I. E.
Sankey, Stuart.
Sears, J. E.
Sharp, Lewen.
Shepheard, A. J.
Shrubsall, George.
Smith, Edward, J. P.
Smith, John.
Spicer, Evan, J. P.
Spokes, Russell.
Stanley, The Hon. A. L.
Steadman, W. C.

STEPHENS, James.	WARMINGTON, F. W.
STRAUS, B. S.	WARREN, G. J., J. P.
STRONG, Richard, J. P.	WATERLOW, D. S.
STUART, James.	WEBB, Sydney.
STURGE, C. Y.	WEBB, Lord, G. C. B.
SWINTON, Capt. G. S. C.	WEST, The Right Hon. Sir Algeron E., G. C. B.
TAYLOR, H. R.	
TAYLOR, J. T., I. S. O.	WHITE, Edward, J. P.
THOMAS, A. A.	WIGHTMAN, William.
THOMPSON, W. W.	WILES, Thomas.
TORRANCE, A. M., J. P.	WILLIAMS, Howell J.
VERNEY, F. W.	WILLIAMS, Jabez.
WALLAS, Graham.	WOOD, T. McKinnon, LL., D, D. L.
WARD, Henry.	YATES, W. B.

Afin de faciliter l'organisation de la réception & du séjour à Londres, un Comité de réception du Conseil municipal de Paris s'était librement formé, sous la présidence de M. Edwin A. Cornwall, parmi les membres du Conseil de Comté; il était ainsi composé :

Lord ELCHO.....................
Captain C. S. SWINTON.............. } Secrétaires honoraires du Comité de réception.
Thomas WILES....................
Captain Fitz Roy HEMPHILL..........

Evan SPICER.....................
W. J. LANCASTER................. } Trésoriers honoraires du Comité de réception.
F. P. ALLISTON..................
Timothy DAVIES..................

Le Président du Conseil de Comté de Londres, M. Edwin Cornwall, devenu depuis Sir Edwin Cornwall, avait adressé, le 21 juin 1905, une invitation officielle en exprimant le désir que la visite ait lieu à la fin du mois de juillet. En même temps que cette invitation, faite au Conseil municipal de Paris tout entier, le Président du Conseil de Comté de Londres écrivait à M. le Docteur Paul Brousse une lettre intime dont voici la traduction, & qui marque bien avec quelle cordialité l'invitation était faite :

Londres, le 21 juin 1905.

Cher Docteur Brousse,

J'inclus une invitation officielle pour vous & vos collègues de visiter Londres en juillet & je vous serais grandement obligé de me favoriser d'une réponse le plus tôt possible.

J'espère qu'il vous sera possible d'accepter mon invitation de demeurer chez moi pendant une semaine & je puis ajouter que les membres du Conseil seraient heureux de recevoir chez eux ceux de vos collègues qui leur feraient la faveur d'accepter des invitations pour cette semaine-là.

Sir Thomas Barclay, qui a agi si amicalement dans cette circonstance, voudra certainement nous aider de façon à faire de cette visite une chose aussi agréable que réussie.

Je suis, cher Docteur Brousse, votre plus fidèle,

E. A. Cornwall.

Les divers engagements déjà pris par un grand nombre de Conseillers municipaux de Paris, notamment pour les distributions de prix dans les écoles de la Ville, ne permirent pas d'accepter la date amicalement suggérée. A la suite d'un échange de vues, celle du 16 octobre fut adoptée. Par une lettre du 10 juillet, dont nous donnons la traduction, le Président du Conseil de Comté insistait à nouveau pour que les invités parisiens acceptassent l'hospitalité de leurs collègues de Londres. Voici cette lettre :

County Hall, Spring.Gardens.

Londres S. W., le 10 juillet 1905.

Mon cher Docteur Brousse,

Veuillez m'excuser de n'avoir pas écrit plus tôt; mais durant toute la semaine passée, j'ai été si occupé par les affaires publiques & avec d'importantes fonctions que je fus obligé de laisser beaucoup de mon travail jusqu'à cette semaine.

J'écris à présent, premièrement pour confirmer mon télégramme du 6 courant dans lequel je disais que je serais heureux de fixer au lundi 16 octobre la date de votre visite & de celle de vos conseillers à Londres.

Mon secrétaire m'a rendu compte de la façon très aimable dont vous avez reçu la lettre de moi qu'il vous portait; & je désire vous exprimer mes chaleureux remerciements pour cette nouvelle marque de vos sentiments cordiaux.

Nous serons tous très honorés par la visite que vous & les membres de votre Conseil nous ferez le 16 octobre &, bien que l'époque ne soit pas tout à fait aussi favorable que juillet pour une visite à Londres, vous pouvez être assuré que ce sera une grande joie pour nous de nous arranger pour rendre votre séjour parmi nous agréable & pour vous mettre à même de vous rendre pleinement compte des travaux que nous poursuivons pour la population de notre Cité.

J'espère que je vous ai clairement expliqué que les membres du Conseil de Comté s'offrent à recevoir dans leurs demeures respectives les membres de votre Conseil. Cet arrangement qui, je l'espère, sera un agréable épisode de votre visite, fera naître maintes opportunités, pour vous & vos collègues, de se rencontrer collectivement chaque jour, mais vous séparera la nuit quand vous regagnerez les demeures de vos différents hôtes dans plusieurs parties de Londres.

Avec mes vœux sincères, croyez-moi le plus cordialement votre

E. A. CORNWALL.

De son côté, Sir John Pound, lord-maire de la Cité de Londres, aussitôt qu'il fut informé de la visite du Conseil municipal de Paris, adressait l'amicale lettre suivante :

The Mansion House.
London E. C., 12 août 1905.

MON CHER PRÉSIDENT,

J'apprends que vous & les membres du Conseil municipal de Paris allez venir à Londres en octobre prochain pour y passer une semaine comme hôtes du Conseil de Comté de Londres. Je vous écris pour vous inviter, vous & vos collègues, à me faire l'honneur de venir déjeuner avec moi à Mansion House, le mercredi 18 octobre, afin de me permettre de vous souhaiter la bienvenue au nom de la Cité de Londres.

Je me suis assuré que cette date s'ajustera admirablement au programme des arrangements que le Conseil de Comté de Londres est en train d'organiser en votre honneur.

Je suis, avec grand respect, mon cher Président, votre très sincèrement dévoué.

John POUND,
lord-maire.

A M. le Docteur Paul Brousse, président du Conseil municipal de Paris.

Le programme de cette visite avait été soigneusement élaboré par le Comité de réception. Il comportait les visites & réceptions intéressantes & variées devant avoir lieu du lundi

16 au samedi 21 octobre. Nous nous efforcerons de retracer de notre mieux ces fêtes cordiales & souvent émouvantes au cours desquelles tout le monde s'ingénia à donner aux « amis français » mille preuves d'affection sincère & de délicates attentions.

Voici la liste des membres du Conseil municipal de Paris qui ont eu le plaisir de recevoir cette touchante hospitalité : MM. Paul Brousse, président; Rebeillard & Henri Rousselle, vice-présidents; MM. Henri Turot & Heppenheimer, secrétaires; M. Léopold Bellan, syndic. MM. Alpy, d'Andigné, d'Aulan, Barillier, Bussat, César Caire, Ernest Caron, Chassaigne-Goyon, Chautard, Chérioux, Jean Colly, Dausset, Deslandres, Deville, Duval-Arnould, Paul Escudier, Evain, Fribourg, Froment-Meurice, Henri Galli, Gay, Girou, Grébauval, Hénaffe, Jolibois, Jousselin, Lajarrige, Roger Lambelin, André Lefèvre, Le Menuet, Levée, Émile Massard, Joseph Ménard, Gaston Méry, Ad. Mithouard, Ernest Moreau, Pierre Morel, Mossot, docteur Navarre, Opportun, Oudin, Pannelier, Paris, Poiry, Maurice Quentin, Quentin-Bauchart, Ranson, Félix Roussel, Arthur Rozier, Sohier, Tantet & J. Weber.

La délégation du Conseil municipal comprenait des représentants de tous les arrondissements de Paris.

Le lundi 16 octobre, eut lieu, par la gare du Nord, le départ des Conseillers municipaux de Paris.

Le Conseil de Comté de Londres avait délégué à Paris, au-devant de ses invités, deux de ses membres, lord Elcho & le Capitaine F. Hemphill, qui faisaient partie tous les deux du comité de réception; ces messieurs se joignirent aux Conseillers municipaux de Paris, auxquels la Compagnie des chemins de fer du Nord avait gracieusement préparé un train spécial. Ce train quitta la gare à 9 h. 35; l'agent commercial de la Compagnie française des chemins de fer du Nord à Londres, M. Sire, avait été chargé d'accompagner les voyageurs de Paris à Londres.

A l'arrivée à Douvres, qui eut lieu à 2 h. 35, sur le quai de débarquement, les Conseillers furent salués par le Corps municipal de la ville, en costumes officiels, ayant à sa tête Sir W. Crundall, maire, accompagné du Consul de France, M. Delarbre, & de l'agent de la Compagnie française du Nord à Douvres.

M. le Consul de France a salué le Président & les membres du Conseil, & M. le Maire de Douvres leur a souhaité cordialement la bienvenue sur le sol anglais, en faisant des vœux pour que cette visite resserre les liens d'amitié entre les deux nations.

M. Paul Brousse, président, répondit en remerciant ces messieurs de leur courtoisie & serra la main du Maire de Douvres, de ses collègues & du Consul de France : « Vous êtes à la bonne place, dit-il, pour toucher les premiers la main que la France tend à l'Angleterre à travers le détroit. »

Le train réservé aux invités français est arrivé à Londres, à la gare de Charing-Cross, à 5 h. 15.

Sur la plate-forme, les Conseillers parisiens furent salués par plusieurs représentants de l'Ambassade de la République française à Londres, MM. de Manneville, de Fleuriau & Henri Cambon, fils de l'Ambassadeur. Les Directeurs de la Compagnie du South Eastern & de Chatam leur présentèrent également leurs vœux de bienvenue à la sortie du train spécial qu'ils avaient fort gracieusement mis à la disposition des invités du Conseil de Comté de Londres.

A leur descente de wagon, M. le Président du Conseil municipal & ses collègues furent accueillis par les acclamations des membres du Conseil de Comté de Londres, qui avaient tenu à se joindre en très grand nombre à M. E. A. Cornwall, président, à M. le Lieutenant-Colonel C. Probyn, deputy-chairman, & à M. Evan Spicer, vice-président de cette assemblée, pour offrir à leurs invités leurs cordiaux compliments de bienvenue dans la Capitale du Royaume-Uni.

Les membres du Conseil municipal de Paris, à leur arrivée à Londres, furent les invités des personnes suivantes :

M. le Docteur Paul Brousse, président,

M. Léopold Bellan, syndic,

M. Schwartz, secrétaire du Syndic, étaient les hôtes de M. Edwin Cornwall, président du Conseil de Comté, 3, Whitehall Court S. W.;

MM. Rebeillard & Henri Rousselle, vice-présidents, étaient les hôtes de M. Evan Spicer, vice-président du Conseil de Comté, à «Bellair», Gallery Road, Dulwich S. E.;

M. Colly était l'hôte de M. C. W. Bowermman, Battledean Road, Highbury N.;

MM. Deslandres, Jolibois & J. Weber étaient les hôtes de M. W. B. Bawn, 9, Stainsby Road, Limehouse E.;

MM. Ernest Caron & Ranson étaient les hôtes de M. J. Williams Benn, à The Old Knoll, Blackheath S. E.;

MM. Chassaigne-Goyon & Ad. Oudin étaient les hôtes de Sir H. W. Bliss, 10, Cornwall Gardens, South Kensington S. W.;

M. Alpy était l'hôte de M. W. W. Bruce, 9, Airlie Gardens, Campden Hill W.;

MM. Evain & Houdé étaient les hôtes de M. Timothy Davies, à « Pantycelyn » East Putney S. W.;

MM. d'Aulan, P. Escudier & Gaston Méry étaient les hôtes de M. H. A. Harben, 107, Westbourne Terrace, Paddington W.;

M. Jousselin était l'hôte de M. E. J. Horniman, 74, Elm Park Road, Chelsea S. W.;

MM. Bussat & Chautard étaient les hôtes de M. T. H. W. Idris, à « Millfield » West Hill, Highgate N.;

M. Le Menuet était l'hôte de M. R. S. Jackson, à « Stobcross Lodge » Croom's Hill, Greenwich S. E.;

M. Levée était l'hôte du Révérend A. W. Jephson, au vicariat de Saint-John, 18, Larcom Street, Walworth Road S. E.;

M. Duval-Arnould était l'hôte de M. W. J. Lancaster, à « South Lynn », 49, Putney Hill S. W.;

MM. Georges Girou & Poiry étaient les hôtes de M. John Lewis, à « Spedan Tower » West Heath, Hampstead, N. W.;

MM. d'Andigné & Armand Grébauval étaient les hôtes de lord Monkswell, 7, Chelsea Embankment S. W.;

MM. Ad. Mithouard & Ernest Moreau étaient les hôtes de M. W. E. Mullins, 18, Lyndhurst Gardens N. W.;

MM. Pierre Morel & Mossot étaient les hôtes de M. G. H. Radford, à « Chiswick House » Ditton Hill;

M. André Lefèvre était l'hôte de M. R. A. Robinson, 26, Brechin Place, Gloucester Road S. W.;

M. Félix Roussel était l'hôte de M. Stuart Sankey, 35, Queensborough Terrace, Hyde Park W.;

M. Henri Galli était l'hôte de M. B. S. Straus, 8, Hyde Park Mansions, Marylebone Road N. W.;

M. Ad. Chérioux était l'hôte de M. A. A. Thomas, 130, Calabria Road, Highbury N.;

M. Roger Lambelin était l'hôte de M. F. W. Verney, 12, Connaught Place W.;

MM. Henri Turot & François Froment-Meurice étaient les hôtes de M. F. W. Warmington, 1, Saint-John's Park, Blackheath S. E.;

M. Joseph Ménard était l'hôte de M. D. S. Waterlow, 38, Cornwall Gardens, South Kensington S. W.;

MM. Louis Dausset & Paris étaient les hôtes de M. Sydney Webb, 41, Grosvenor Road S. W.;

MM. E. Gay & Lajarrige étaient les hôtes de M. E. White, 20, Upper Berkeley Street W.;

MM. César Caire & Maurice Quentin étaient les hôtes de M. T. Wiles, 5, Aubrey Road, Kensington W.;

MM. Barillier & Navarre étaient les hôtes de M. J. Howell Williams, à « Penrhynn », 263, Cambden Road N.;

M. Quentin-Bauchart était l'hôte de M. T. H. D. Berridge, 49, Rutland Gate W.;

MM. Tantet & J.-B. Piperaud étaient les hôtes de l'honorable miss Stanley, 32, Smith Square, Westminster S. W.;

MM. Pannelier & Opportun étaient les hôtes de M. Albert Spicer, 10, Lancaster Gate W.;

M. Émile Massard était l'hôte de M. Arthur Spokes, 6, Saint-Andrew's Place, Park Square, Regent's Park N. W.;

MM. A. Rozier, Heppenheimer, Sohier, Fribourg & Hénaffe étaient les hôtes de M. E. Browne, à Whitehall Court S. W.

Les présentations faites par les membres du Comité de réception, les Conseillers municipaux parisiens prirent place dans des landaus aux couleurs du Conseil de Comté en compagnie de leurs confrères de Londres, chez lesquels ils devaient recevoir la plus attentive hospitalité pendant leur séjour.

Par les soins du Comité de réception, chaque invité reçut à son arrivée chez son hôte un programme complet de la visite, en français, sous une couverture en couleur où se mariaient les drapeaux des deux pays & les vues des deux métropoles.

Un plan de Londres ainsi que les principaux itinéraires des promenades & visites projetées furent également distribués à chacun.

Au sortir de la gare de Charing-Cross, une foule nombreuse, parmi laquelle on remarquait une assez grande proportion de Français, salua au passage les voitures par des acclamations & des vivats.

Tout ce voyage s'est effectué par un temps splendide.

Le jour de leur arrivée, les membres du Bureau du Conseil municipal rendirent visite à l'Ambassadeur de France.

MARDI 17 OCTOBRE.

RÉCEPTION PAR S. M. LE ROI ÉDOUARD VII AU PALAIS DE BUCKINGHAM. — DÉJEUNER AU QUARTIER GÉNÉRAL DES POMPIERS. — VISITE DES PARCS. — VISITE DES LOGEMENTS D'OUVRIERS DE MILLBANK. — RÉCEPTION À L'HÔTEL DU CONSEIL DE COMTÉ. — BANQUET OFFERT PAR M. E. A. CORNWALL ET SOIRÉE CHEZ LADY LUDLOW.

Le mardi 17 octobre, les Conseillers municipaux de Paris se réunirent au « Municipal and County Club », cercle fondé en vue de créer dans Londres un centre des diverses associations formées dans le but d'améliorer les institutions locales du Royaume-Uni, & dont ils avaient été nommés membres honoraires. Ces locaux avaient été gracieusement mis, par les membres du Club, à la disposition de la Délégation parisienne pour toute la durée de son séjour & spécialement aménagés par les soins du Conseil de Comté en vue du confort de ses hôtes. Le Club est situé dans l'arrondissement de Westminster, 4, Whitehall Court, à deux pas du célèbre « National Liberal Club », à côté de la partie des quais Victoria, aménagée en jardins ouverts au public.

Partis à 10 heures & demie du « Municipal and County Club », les invités français, accompagnés des membres du Conseil de Comté, firent d'abord une promenade en voiture dans les parcs du centre de Londres : au Mall, au parc Saint-James & au parc de Buckingham.

Le parc Saint-James, l'un des plus jolis de la capitale, est un vaste jardin public, créé & entretenu par l'État.

PALAIS DE BUCKINGHAM

Le Mall, qui tire son nom du jeu ancien de pall-mall qui se jouait sur ses pelouses, est en voie de transformation; depuis quelque temps on y exécute d'importants travaux d'embellissement qui, lorsqu'ils seront achevés, comprendront le monument commémoratif de la reine Victoria, construit en arc de cercle. L'ensemble formera devant le palais royal de Buckingham un délicieux encadrement au centre duquel s'élèvera une colonne artistique d'une hauteur de 25 mètres.

Parallèlement au Mall est la grande rue de Pall-Mall, le centre des clubs de la capitale, où se trouve « Malborough House », résidence du Prince de Galles, & à l'extrémité Ouest de laquelle s'élève le vieux palais royal de Saint-James. Bien que la Cour britannique continue toujours à être désignée couramment sous le nom de « Cour de Saint-James », la résidence actuelle du Souverain est au palais de Buckingham, & Saint-James ne contient plus que des bureaux de chancellerie ou des appartements de fonctionnaires de la Couronne.

RÉCEPTION DU ROI.

Le Roi Édouard VII avait spontanément manifesté son désir de recevoir au palais de Buckingham les membres du Conseil municipal de Paris, dès que leur visite à Londres fut connue de lui. Cette réception avait été fixée pour le mardi à midi.

Vers 11 heures un quart, les voitures du Conseil de Comté, dont les cochers portaient des cocardes à ses couleurs, franchirent la grille du palais de Buckingham & déposèrent les Conseillers municipaux de Paris & de Londres à la porte principale de la grande façade Est qui s'étend sur le parc de Saint-James. Au fur & à mesure de leur arrivée, les visiteurs prenaient place dans le vestibule, orné de colonnes de marbre & décoré de bronzes d'art, qui conduit de la cour d'honneur aux salons de réception & aux pièces d'apparat. En fort bon style, les landaus se rangeaient dans la cour d'honneur, exactement dans leur ordre protocolaire d'arrivée, sous la surveillance de policemen à cheval admirablement montés.

Dès que les membres du Conseil municipal, revêtus de l'écharpe & de l'insigne de conseiller, furent tous groupés dans ce vestibule, ayant à leur tête M. le Docteur Brousse, président, MM. Rebeillard & Henri Rousselle, vice-présidents, & M. Léopold Bellan, syndic, des officiers du palais les conduisirent au premier étage par un somptueux escalier de marbre dont le plafond est décoré de quatre fresques renommées de Townsend : le *Matin,* le *Jour,* le *Crépuscule* & la *Nuit.*

Les membres du Conseil de Comté de Londres, précédés de leur Président, de leurs Vice-Présidents & des Aldermen en grand costume de cérémonie, suivaient les Représentants de la Municipalité parisienne.

S. M. le Roi Édouard VII avait ordonné qu'on organisât la réception de telle sorte que ses visiteurs fussent à même de parcourir toutes les salles d'apparat de son palais avant d'arriver jusqu'à lui. C'est pour ce motif qu'il les reçut dans l'ancienne Salle du Trône, où la reine Victoria tenait habituellement ses audiences, mais qu'il n'utilise plus à présent.

Le cortège ainsi formé traversa successivement le grand salon blanc, la salle à manger, la salle de bal & la célèbre galerie de peinture qui renferme un choix remarquable d'œuvres anciennes, toutes de haute valeur artistique : le *Noli me tangere* &

l'*Adoration des Mages* de Rembrandt, la *Femme écrivant une lettre* de Terburg, *Pythagore* de Rubens; d'admirables paysages d'Hobbema, de Ruysdaël; le *Charles Ier* équestre de Van Dyck & une délicieuse série de tableaux du Titien, de Metzu, de Paul Potter, de Teniers, de G. Dov, de Claude le Lorrain, &c.

On fit attendre un moment les Conseillers parisiens dans le salon vert, puis ils furent introduits ainsi que M. Edwin Cornwall, président du Conseil de Comté, dans la Salle du Trône, vaste pièce d'une vingtaine de mètres de longueur, à l'extrémité de laquelle un dais abrite un trône doré, élevé sur quelques degrés.

A midi très exactement, Sa Majesté fit son entrée. Le Roi portait l'uniforme bleu de général en chef d'artillerie de son armée & avait en sautoir le grand cordon de la Légion d'honneur. Aussitôt entré, il se plaça en avant du trône, ayant à sa gauche S. Exc. M. Cambon, ambassadeur de France & S. Exc. le Marquis de Lansdowne, son ministre des Affaires étrangères. Le Président du Conseil de Comté de Londres prit place un peu en arrière, à la droite de Sa Majesté, pendant que, de chaque côté, se groupèrent autour de lord Knollys, grand maître de la Maison royale, & du Colonel Sir Charles Fredericks, secrétaire particulier du Roi, plusieurs autres personnages de la Cour ou membres du Gouvernement.

Le service d'honneur était fait par un détachement de superbes hommes d'armes, en riches uniformes du xviie siècle, portant des hallebardes de cérémonie.

Le Lord chambellan, comte de Clarendon, avait auparavant prié chaque assistant de lui remettre sa carte & il put ainsi présenter nommément au Roi, à la suite des membres du Bureau, chacun des Conseillers municipaux présents.

Après avoir complimenté M. Paul Brousse au sujet de cette visite collective à Londres, pour le succès de laquelle il fit des vœux, puis évoqué, en quelques paroles aimables, le bon souvenir qu'il conservait de l'accueil que lui firent, en mai 1903, la Municipalité de Paris à l'Hôtel de Ville & la population de la Capitale, le Roi serra gracieusement la main à chaque conseiller.

Au cours des présentations, les assistants se groupèrent &, après la cérémonie, le Roi ayant pris congé de l'assemblée en la saluant à plusieurs reprises fort courtoisement, ils rejoignirent les membres du Conseil de Comté de Londres qui, pendant ce temps, avaient pris place dans un salon latéral.

Le Roi retint encore quelques minutes l'Ambassadeur de France auquel, après avoir manifesté sa satisfaction de la visite des Conseillers parisiens à Londres, il marqua le plaisir qu'il avait eu à les recevoir dès le début de leur séjour.

La sortie s'effectua rapidement, les voitures du Conseil de Comté venant reprendre les visiteurs à la porte du palais dans l'ordre où ils avaient été amenés. Au sortir de la cour d'honneur de Buckingham Palace, elles conduisirent les hôtes de Londres à travers Hyde Park, Regent Street, le Strand, Fleet Street — la rue de la presse & des imprimeurs — Queen Victoria Street & London Bridge, jusqu'au quartier général des pompiers à Winchester House, Southwark Bridge Road.

Là, sous une tente improvisée, décorée de drapeaux français & anglais, un déjeuner froid fut rapidement servi, auquel assistaient les principaux officiers des pompiers. A la suite de ce *lunch*, divers exercices furent exécutés d'après le programme ci-contre, qui fut distribué aux visiteurs.

VISITE

DE

MONSIEUR LE PRÉSIDENT & DE MESSIEURS LES MEMBRES DU CONSEIL MUNICIPAL DE PARIS,

EN RÉPONSE À L'INVITATION DE MESSIEURS LES MEMBRES
DU CONSEIL MUNICIPAL DE LONDRES,

AU QUARTIER GÉNÉRAL DE LA BRIGADE DES SAPEURS-POMPIERS
DE LONDRES,

LE 17 OCTOBRE 1905.

PROGRAMME.

1. Exercices physiques.
2. Secours aux personnes sans connaissance.
3. Incidents d'incendie :
    a. Sauvetage d'un second étage par mains d'hommes;
    b. Sauvetage d'une tour avec cordages avec l'assistance d'un appareil de sauvetage attelé & d'une échelle à crocs;
    c. Pompe à incendie hydraulique à vapeur en fonctionnement.
4. Emploi de la toile de sauvetage.
5. Emploi du casque contre la fumée.
6. Emploi de la lance sur une échelle de sauvetage, démonstration du jet d'eau.
7. Emploi de la pompe à main & des seaux.
8. Sauvetage de personnes avec cordages.
9. Exercices avec échelles, première aide donnée par automobile & retraite des pompiers avec cordages de sauvetage.
10. Exercice : Échelle longue. Alarme.
11. Exercice : Pompe à vapeur. Alarme.
12. Moyens de rendre les premiers secours aux blessés.
13. Rassemblement.

Quartier général : Brigade des Sapeurs-Pompiers, Winchester, S. E.

DÉTAILS D'INTÉRÊT.

(EXTRAIT DU RAPPORT ANNUEL DE L'OFFICIER EN CHEF, 1904.)

Personnel des Brigades. Officiers & hommes.	1,295
Postes d'incendie en ville	74
Postes d'incendie sur le fleuve	5
Appareils de sauvetage attelés	72
Pompes à vapeur	80
Chevaux	308
Avertisseurs d'incendie	1,078
Bouches d'incendie	28,000
Incendies	3,616
Appels (1,032 feux de cheminée non compris)	4,778

Ces intéressants exercices de sauvetage & d'extinction montrèrent aux élus de Paris la perfection du matériel d'incendie des pompiers de Londres & la valeur professionnelle des hommes, dignes émules de leurs collègues parisiens. Cette manœuvre eut lieu dans la cour principale du quartier général, où les familles des pompiers, dont les enfants agitaient des drapeaux tricolores, saluèrent de vigoureux hourras les hôtes du Conseil de Comté de Londres.

LES MAISONS OUVRIÈRES DE MILLBANK.

La promenade reprit ensuite : on fit admirer en passant aux visiteurs parisiens les beaux jardins du quai Victoria, la superbe ordonnance du Parlement & de l'abbaye de Westminster, le nouveau musée d'art moderne britannique (galerie Tate); puis l'on visita, après un coup d'œil rapide aux importants travaux en cours du pont de Vauxhall, les maisons édifiées par le

Conseil de Comté de Londres, à Millbank, en vue de mettre à la disposition des ménages d'ouvriers des locaux salubres à petits loyers. Ce groupe très important est situé dans la cité de Westminster.

Il occupe une portion notable d'un quartier qui, dans les premières années du XIX⁰ siècle, après avoir été un terrain vague, bas & marécageux, vit édifier une importante maison pénitentiaire due aux efforts de Howard, le réformateur des prisons. Cet établissement fut démoli après soixante-dix ans d'utilisation, & ce vaste emplacement fut destiné par le Gouvernement à des casernes & à des habitations ouvrières. Pour l'édification de ces dernières, le Conseil de Comté acheta, en 1896, pour 22,242 livres sterling, soit 560,700 francs, un vaste terrain en forme de trapèze dont la base, d'une longueur d'environ 1,100 pieds, soit à peu près de 370 mètres, borde une voie publique, Dundonald Street. Commencées en 1897, les constructions furent terminées en 1903 & inaugurées par LL. MM. le Roi & la Reine.

Les bâtiments, au nombre de 17, sont disposés de manière à obtenir le maximum de la lumière du jour & d'espace libre sans perte inutile de terrain.

Ils se composent de corps de bâtiments à cinq étages chacun, comportant des logements généralement de deux ou trois pièces, auxquels on a accès par un escalier commun.

L'architecture a nécessairement été traitée avec économie par suite de considérations financières, mais des efforts ont été faits pour donner aux constructions une apparence gaie, & pour les grouper de manière que l'effet général reste agréable à la vue. Mais il est douteux que cet aspect satisfasse le goût des ouvriers français.

Un jardin occupe le centre de la façade de ce groupe sur la rue; il mesure 125 mètres carrés & les dépenses de plantation ont atteint 2,940 livres sterling.

Il y a 895 logements dont le loyer varie depuis 5 shillings à 11 sh. 6 pence par semaine.

La dépense de premier établissement a atteint 205,453 livres sterling.

AU CONSEIL DE COMTÉ.

En quittant les habitations ouvrières de Millbank, vers 5 heures & demie, les Conseillers municipaux de Paris furent admis aux honneurs de la séance publique hebdomadaire que tenait, à l'Hôtel du Conseil de Comté, à Spring Gardens, cette grande assemblée municipale.

Après que M. Paul Brousse eut, sur l'invitation qui lui en fut faite, pris place à côté de M. E. A. Cornwall, le Président du Conseil de Comté a prononcé une allocution dont voici la traduction français e:

MESSIEURS LES CONSEILLERS MUNICIPAUX DE PARIS,

MESSIEURS LES MEMBRES DU «COUNTY COUNCIL»,

C'est la première fois que les représentants directement élus de la population des deux grandes villes se trouvent réunis sous le même toit.

Ici, à Londres, nous n'oublierons jamais cette marque d'honneur conférée au «London County Council» par les membres du Conseil municipal de Paris.

Je désire, Monsieur le Président, au nom de mes collègues, vous souhaiter, ainsi qu'à vos collègues, la plus cordiale bienvenue.

Nous regrettons de ne pas disposer de locaux plus convenables pour vous recevoir, mais nous espérons y remédier d'ici quelques années.

Nous nous rappelons combien il était difficile, il y a quelques années, d'éveiller un intérêt suffisant pour les questions touchant la Ville. Mais maintenant, grâce à votre visite, toute l'Europe discute, par l'intermédiaire de la presse, les questions municipales de Paris & de Londres.

A cette occasion unique, nous offrons l'accueil le plus cordial & le plus fraternel à M. Paul Brousse & à ses collègues.

Nous sommes charmés de ce que le Président ait honoré nos délibérations de sa présence & nous serions encore plus enchantés s'il consentait à nous adresser, au nom de ses collègues de la grande Ville qu'ils représentent, quelques paroles de conseil & d'encouragement.

L'allocution de M. le Président du Conseil de Comté a été soulignée par les marques d'approbation & les applaudissements de tous ses collègues.

M. le Docteur Paul Brousse, président du Conseil municipal de Paris, a remercié en ces termes :

Monsieur le Président,

Messieurs,

Il m'est impossible d'exprimer toute la gratitude que nous éprouvons. Il ne faut pas nous juger par nos paroles, mais par les sentiments qui viennent de notre cœur. Nous avons marché de surprise en surprise, & nous sommes émerveillés par la grandeur de votre œuvre.

Vous déplorez la petitesse de votre maison! Mais, comme disait le philosophe : Qu'importe si elle est pleine d'amis! Et cette maison est remplie d'amis éprouvés & d'excellents administrateurs. Vous dites que cette fois est la première que les deux Conseils se réunissent. Il tient à vous d'en assurer une deuxième. Il était dans mon intention ce soir, au banquet, de vous inviter à nous rendre notre visite à Paris, mes chers Collègues, car il me semble que nous formons maintenant un seul Conseil. J'espère que vous accepterez.

Je conclus en exprimant mes remerciements au Conseil de Londres & au peuple de Londres.

Vive l'Angleterre!

Puis, la séance publique continuant, le cours des travaux du Conseil de Comté de Londres a repris en présence des Conseillers municipaux parisiens.

BANQUET OFFERT À L'HÔTEL CECIL, PAR M. E. A. CORNWAL,
PRÉSIDENT DU CONSEIL DE COMTÉ DE LONDRES.

Ce même soir, eut lieu à l'Hôtel Cecil un grand banquet, offert aux membres du Conseil municipal de Paris par M. E. A. Cornwall, président du Conseil de Comté de Londres. Tous les membres du Conseil de Comté de Londres y assistaient. La «Victoria Hall», où le dîner fut servi, était décorée de faisceaux de drapeaux anglais & français réunis par des écussons avec cette inscription : *Nous vous accueillons comme amis & comme voisins.*

Le banquet, auquel prirent part les membres du Conseil de Comté de Londres & les hauts fonctionnaires municipaux, était naturellement présidé par M. E. A. Cornwall, président du Conseil de Comté de Londres.

S. Exc. M. Cambon, ambassadeur de France, y assistait, ainsi que le Comte d'Essex, le Comte Russel, lord Sandhurst, lord Welby, le Lord-Maire & les Shérifs de la Cité de Londres, lord Ludlow, lord Alexander Thynne, lord Monkswell, lord Farquhar, le Comte de Manneville, lord Avebury, lord Elcho, M. Ritchie & plusieurs autres membres du Parlement, Sir Thomas Lipton, Sir Thomas Barclay, les Maires de la Cité de Westminster & des autres arrondissements ou districts métropolitains : en tout quatre cents convives.

Plusieurs discours ont été prononcés.

Suivant la coutume anglaise, chaque discours était annoncé d'une voix retentissante par un maître des cérémonies, le «Maître des Toasts».

Discours de M. E. A. Cornwall.

M. le Président E. A. Cornwall, après avoir porté les toasts loyaux, c'est-à-dire après avoir proposé de boire à la santé du Roi, de la Reine & du Président Loubet, toast pour lequel M. Cambon l'a remercié en termes des plus heureux, a levé son verre en l'honneur de ses hôtes.

Voici la traduction du discours qu'il a alors prononcé :

Excellence, My Lords et Messieurs,

Je me lève maintenant pour vous proposer le toast aux honorables hôtes de Londres, au Conseil municipal de Paris, & je vous demanderai de joindre à ce toast le nom du Président du Conseil, M. le Docteur Paul Brousse.

C'est certainement quelque chose de plus qu'un toast proposé & porté par ceux qui sont ici réunis ce soir, c'est un toast proposé par tout Londres à tout Paris, dans lequel la plus cordiale bienvenue est adressée par une grande Cité à la Cité sœur.

Je puis vous assurer, Monsieur le Président, que Londres apprécie la distinction que Paris lui a conférée par cette visite, visite dont j'ose dire qu'elle constitue une contribution appréciable à une amitié durable, comme les paroles de M. le Docteur Paul Brousse l'exprimèrent, quand il a gracieusement accepté notre invitation en disant qu'elle resserrerait encore les liens qui unissent les deux Cités.

Notre rencontre ici, à Londres cette semaine, si importante soit-elle, est peu de chose comparée à cette grande idée que nous avons : je veux dire l'échange de vues entre les grandes municipalités.

Les travaux des représentants des populations nous élèvent face à face avec les besoins & les intérêts de l'humanité. Et ceci n'est pas particulier à une localité, à une nation ou même à une race, & en accomplissant cette œuvre il en résultera que les relations entre les peuples seront améliorées.

Les municipalités engagées dans les voies où nous sommes sont appelées à s'apprendre l'une à l'autre ce qui est le mieux pour chacune à suivre : en fait, les données de la science des législations comparées & de l'administration comparée qui sont devenues des éléments si importants de la sociologie.

En passant, laissez-moi dire qu'il y a une chose que je désire éclairer & développer à cette occasion : c'est que cette réunion des représentants des deux populations de Paris & de Londres ne contient aucun élément susceptible d'être interprété comme peu amical par aucune autre cité ou par aucune autre population. Ceci, j'en suis assuré, est le sentiment très net du Conseil municipal de Paris.

Et je suis d'autant plus autorisé à dire cela que je sais qu'un des précédents présidents du Conseil municipal de Paris a dit que Paris, fidèle à sa fière devise, continue sa marche triomphale vers son avenir de progrès & de paix.

Laissez-moi dire au nom des membres du Conseil de Comté de Londres qu'ils n'ont pas d'autre conception présente à leur pensée.

Et à propos de ce que je viens de dire que chacun a à apprendre de l'autre, je suis persuadé que Londres a bien des choses à apprendre de Paris. Nous serions mieux à même après cette visite d'étudier ce qu'a fait le Conseil municipal.

La reconstruction de Paris avec ses magnifiques voies de communication & les multiples améliorations que je sais avoir été réalisées jusque dans les plus pauvres quartiers en est peut-être l'exemple le plus remarquable.

Paris s'est également trouvé en présence de la question des moyens de transport, & l'a résolue non pas seulement par l'amélioration de la traction à la surface, mais il a donné l'exemple dans ce cas des chemins de fer souterrains qui, j'ai été heureux de l'apprendre, ont eu tant de succès & ont donné si entière satisfaction à la population.

De même en développant son magnifique système de libre éducation, il a extrêmement étendu son œuvre de constructions scolaires.

Nous avons déjà entendu parler, par des enquêtes, de l'importance & de l'efficacité des ambulances urbaines; & pendant que dans le département de la santé publique, dans son système d'égouts, dans ses eaux, son gaz & son électricité, le Conseil municipal de Paris a déployé une activité louable, sa sage gestion des finances municipales a placé le crédit de Paris au rang le plus éminent.

En ce qui touche la recherche de la solution de bien des questions, je crois que Paris & Londres ont bien des points communs.

Le Conseil de Comté de Londres, qui a été récemment constitué comme autorité de l'Éducation à Londres, est maintenant chargé de la coordination de l'enseignement dans toutes ses branches & a à prendre soin d'un million d'enfants fréquentant mille écoles avec 20,000 maîtres & nécessitant une dépense annuelle de 4 millions de livres sterling.

Paris & Londres, à cet égard, feront bien de se montrer l'une à l'autre ce qu'il convient de faire de meilleur dans l'un des plus grands de leurs problèmes.

Pour montrer la diversité des questions qui se posent à Paris comme à Londres, je puis mentionner celle des transports en commun, des moyens de communication, que les deux Conseils s'efforcent de développer par les procédés les plus modernes & qui sollicitent leur attention immédiate & continue.

Si le temps le permettait, je pourrais mentionner d'autres sujets dont les deux Conseils auront à se préoccuper dans un avenir prochain.

Mais je veux faire allusion à un incident qui a dernièrement ému notre proche sensibilité. Il nous a été dit que le Conseil de Paris se lamente de ce qu'un de ses importants projets avait été approuvé par la Chambre des Députés, puis rejeté par le Sénat. Et nous, à Londres, nous avons vu une mesure importante sanctionnée par la Chambre des Communes, mais rejetée par les Lords. Et je puis dire à nos amis de Paris qu'ils s'accorderont avec moi pour croire que, dans ce cas particulier, nous aurions pu nous dispenser de faire une expérience aussi étroitement parallèle.

Je suis fier de joindre à ce toast le nom de l'honorable Président du Conseil municipal de Paris, M. le Docteur Paul Brousse. Je désire l'assurer que nous reconnaissons pleinement la situation éminente qu'il occupe. C'est un homme d'une rare habileté qui a, avec le plus grand dévouement, consacré sa vie à la cause du peuple. Il a nécessairement rencontré beaucoup des difficultés qui encombrent le chemin de tout réformateur. Mais en dépit de tout il a conservé l'affection de ses amis & le respect de ses adversaires. C'est un de ces hommes que nous autres, Anglais, nous regardons avec un haut degré d'intérêt, & il n'emportera pas avec lui seulement le souvenir d'un grand événement dans les annales des deux Cités, mais cette sensation de magnétisme personnel qu'éprouvent dans leur reconnaissance tous ses camarades, dans la poursuite de leurs communs projets.

Je pense quelquefois que l'œuvre importante dans laquelle nous sommes engagés n'est jamais aussi complètement accomplie par nous qu'elle devrait l'être. Mais je ne crains pas de dire que c'est surtout exact pour les grandes municipalités sur lesquelles le monde a les yeux & qui ont à résoudre des problèmes s'agrandissant démesurément & s'attachant à des améliorations sociales des populations.

Les parlements des nations font les lois, mais ce sont les municipalités qui ont à les appliquer, & c'est de la sagesse & de la capacité montrées dans l'application des lois que la législation future pour de nouvelles expansions & la réalisation de nouveaux idéaux dépendent nécessairement.

C'est pourquoi la double responsabilité des municipalités est montrée comme des plus grandes & s'exerçant : 1° en ce qui touche à l'application des lois existantes; 2° en ce qui touche la préparation des voies pour la nouvelle législation sociale.

C'est dans cette vue que je puis féliciter les Représentants municipaux des deux Capitales d'être à même si heureusement de se trouver réunis, de savoir quelque chose des voies l'une de l'autre, quelque chose des désirs & des espérances de chacune.

C'est dans ces vues que je pense que nos confrères de Paris ont accepté notre invitation & que mes collègues adressent à leurs hôtes honorés leur plus cordiale & sincère bienvenue.

C'est pourquoi laissez-moi demander pour conclure que cette réunion des représentants des citoyens de Paris & de Londres ait, dans le toast que je vais proposer, une triple signification :

1° La satisfaction qui émane de tous & de chacun d'avoir pu faire personnellement connaissance;

2° Les avantages résultant d'une connaissance plus intime de l'œuvre que nous avons tous les deux le devoir d'accomplir vis-à-vis des grandes populations résidant dans nos deux Cités;

3° Et par-dessus tout le désir d'élever de telle sorte l'idéal de l'œuvre municipale que nous éveillerons l'émulation d'autres cités dans cette direction.

Nous avons le pouvoir d'améliorer des millions d'hommes; mais, si nos efforts ne réussissaient finalement qu'à bénéficier à quelques-uns seulement, notre réunion n'aurait pas été vaine.

Le discours de M. E. A. Cornwall, ponctué de bravos & de signes d'approbation, a été longuement & chaleureusement applaudi par toute l'assemblée.

Discours de M. le Docteur Paul Brousse.

Puis M. le Docteur Paul Brousse, président du Conseil municipal de Paris, s'est levé, salué par les ovations répétées de tous les assistants, & a répondu par le discours suivant aux cordiales paroles du président du Conseil de Comté :

Monsieur le Président,

Mylords,

Messieurs,

Les représentants de la ville de Paris remercient les représentants de la ville de Londres du chaleureux accueil qui leur est fait. Pour chacun de mes collègues, cette visite sera certainement d'une grande utilité pratique. Mais, en ce moment, nous sommes désireux d'abord de vous exprimer toute notre reconnaissance pour le très grand honneur que vous nous faites aujourd'hui; nous tenons à vous dire aussi le plaisir que nous éprouvons en venant resserrer des liens si heureusement formés & si naturels entre de si proches voisins, faits pour se comprendre, pour s'estimer & pour s'aimer.

Nous devons des remerciements encore à la population de Londres, qui vient de nous faire un si chaleureux accueil.

Nous garderons de ce voyage un souvenir ému; de votre amitié, un sentiment reconnaissant, & personnellement, je considère comme un inestimable bonheur que les circonstances m'aient donné un rôle dans cet épisode, qui tiendra une place si honorable dans l'histoire municipale des deux grandes Cités que nous représentons.

Le Conseil municipal de Paris n'a point la prétention de tout connaître dans le domaine municipal. Il a l'habitude d'envoyer des commissions d'études dans toutes les grandes villes de l'Europe. Il retire de bons enseignements de cet examen comparatif entre les grands services municipaux, qu'ils soient administrés en régie ou confiés à des sociétés concessionnaires. Mais une enquête aussi vaste que celle où vous nous conviez n'a jamais été faite. Nous en espérons les meilleurs résultats. Nos administrés respectifs, qui vous en doivent la très heureuse initiative, vous en attribueront tout le mérite & vous en garderont une reconnaissance sincère & méritée.

Et quel plus merveilleux terrain d'études urbaines pourrait-on trouver que votre Pays & votre Capitale! La Grande-Bretagne, où, sur neuf habitants, dit-on, cinq vivent dans les villes, est la nation de choix des florissantes cités industrielles, commerciales, laborieuses; Londres, qui à elle seule renferme la cinquième partie de la population de l'Angleterre, n'est-elle point la ville colossale moderne! A aucune époque de l'histoire de la terre jamais cité ne connut les foules humaines qui coulent dans vos rues. Depuis longtemps, on en a fait la remarque; on a dit de Londres que c'est une «province couverte de constructions». Sur ce sol fertile, en effet, pousse à chaque heure une maison nouvelle. C'est une mer illimitée de ruches humaines. Des hauteurs de Montmartre, on aperçoit tout Paris. A Londres, point d'observatoire n'est assez élevé; nul site assez culminant, ni près de Greenwich, ni près de Highgate, d'où l'on puisse embrasser du regard toutes les rives de votre océan urbain!

Ce qu'une sage administration a pu faire dans une ville comme Londres est inappréciable. Ceux de mes collègues qui ne connaissent pas Londres en jugeront au cours de cette visite; ce qui fait mon admiration, & vous permettrez de laisser voir en moi le spécialiste, ce sont ces lois, ces règlements efficaces qui permettent d'assurer l'assainissement des maisons & de quartiers tout entiers. Dans cet ordre, comme dans beaucoup d'autres, le Conseil municipal de Londres montre le bon chemin à la Ville de Paris.

Dans son admirable discours, M. E. A. Cornwall faisait, à la Ville de Paris son hôte, la politesse de lui faire céder le pas par la Ville de Londres : Paris ouvrira la marche, disait-il; plus modeste, Londres suivra. Qu'il me permette de lui dire : On peut difficilement se devancer ainsi quand on est résolu à marcher en amis, la main dans la main, comme feront désormais Londres & Paris. Qu'elles aillent de pair du même pas, les deux nobles Villes! Et que les peuples qu'elles contiennent doivent à leur collaboration, à leur amicale émulation, plus d'hygiène chaque jour, plus de commodités, une vie plus facile, des jouissances d'art plus nombreuses & plus délicates!

Notre amitié, Messieurs, était dans la nature des choses, elle est l'aboutissant inévitable d'une longue évolution historique. Elle a maintenant toute la force du fait accompli.

Je ne veux en rien atténuer le mérite de nos Gouvernements dans la proclamation de cette « entente cordiale » qui a précédé notre « entente municipale », &, si vous gardez à M. le Président de la République française une respectueuse reconnaissance, nous n'oublions pas à Paris « l'ancien ami », le Roi pacifique qui nous disait dans notre Hôtel de Ville : « C'est avec le plus grand plaisir que je reviens à Paris, où je me trouve toujours comme si j'étais chez moi. »

Quel titre pour des gouvernants que celui de « pacificateurs »! Quelle reconnaissance leur est assurée de cette humanité que tant de maladies guettent & frappent s'ils savent lui épargner la plus terrible d'entre elles, & aussi la plus facilement évitable, la guerre!

Mais, si les hommes d'État proclament les « ententes cordiales », il faut que les sentiments populaires les approuvent & que leur volonté les sanctionne.

De notre part, nous avons le désir d'entretenir avec vous les plus affectueuses relations.

Qui ne voudrait avoir pour ami un de vos compatriotes! Peut-on ignorer votre force de volonté, votre vigueur singulière, votre endurance! Nous connaissons tous le feu qui couve sous votre froideur apparente. Un de nos écrivains, un célèbre historien géographe, Élisée Reclus, vous rendait justice en un passage que l'on croirait traduit de Tacite : « Si l'Anglais parle peu & après réflexion, c'est que les mots sont pour lui des actes. Il aime avec dévouement, il noue de fortes amitiés, mais la banalité des affections lui déplaît; il contient sa passion & par cela même lui donne plus de puissance. »

Avant d'avoir senti à votre foyer, mon cher Monsieur Cornwall, la chaleur pénétrante de votre amitié, je savais les facultés de tendresse de vos compatriotes. Comment ne pas deviner la sensibilité de l'âme anglaise quand on connaît son amour infini pour la nature, si grand que nul ne rivalise avec vous pour la création de véritables races nouvelles de plantes & d'animaux! C'est là une remarque ancienne!

Dans le bruit de nos anciennes querelles de voisinage nous ne pouvions nous entendre, & il est compréhensible que nous nous soyons mal jugés. Ceux-là seuls qui, comme moi, sont venus jadis profiter de l'hospitalité & des libertés de la vieille Angleterre avaient ouvert les yeux sur vos mérites. Grâce à votre touchante & affectueuse réception, à la table même de famille, nous sommes soixante maintenant unanimes à proclamer l'excellence de vos cœurs.

Vos monuments pleins d'histoire, comme les nôtres d'ailleurs, nous sont une leçon commune. Ils nous montrent la vanité de la contrainte & de la violence pour fonder quelque chose! Si tant d'efforts eussent été combinés, ces dévouements utilisés au lieu de s'user les uns par les autres, de se détruire réciproquement, à quel point plus avancé nous en serions dans l'histoire de la civilisation & des progrès humains!

Anglais & Français, dans nos deux histoires nationales parallèles, nous unissons dans une même immortalité les hommes qui furent désunis au cours de leur vie de luttes & de souffrances, mais qui scellèrent également de leur sang nos constitutions & nos libertés nationales. Il doit en être désormais de nos querelles extérieures comme de nos dissensions intestines.

Nos grands hommes d'État, nos grands soldats, méritent le même traitement que nos grands acteurs révolutionnaires. Unissons dans une même immortalité ces fondateurs à titres divers de l'Europe moderne. Ne retenons de nos luttes nationales que l'estime que doivent professer les uns pour les autres d'anciens adversaires d'égale force & d'égal courage.

C'est ainsi que nous conserverons à Paris, dans nos collections, avec le plus grand respect «le chêne & le cuivre» du vaisseau *Victory* que montait votre grand Nelson [1].

Notre «entente cordiale», Messieurs, notre «amitié municipale» est d'autant plus solide, a une valeur morale d'autant plus haute

---

[1] Ce souvenir historique venait d'être offert à la Ville de Paris, en gage d'amitié & à l'occasion du centenaire de la mort de Nelson, par la Société des marins anglais & étrangers de Londres; il est déposé au musée historique, à l'Hôtel Carnavalet.

qu'elle n'est commandée par aucun mobile intéressé. C'est une réconciliation de famille. Elle aura pour ciment & pour armature l'amour commun de la liberté, du progrès sous toutes ses formes, du bien-être du plus grand nombre de nos concitoyens.

C'est dans ces conditions, mes chers Collègues du «County Council» de Londres & du Conseil municipal de Paris, que je vais lever mon verre à la santé de nos hôtes, à celle de notre cher Président, M. E. A. Cornwall.

Mais je dois vous dire que mon toast a un but intéressé. Certainement votre santé nous est chère; mais elle vous sera nécessaire pour tenir la promesse que vous ne pouvez me refuser de me faire, & qui est de venir très prochainement à Paris.

Au nom de la Ville de Paris, je vous invite formellement. Vous ne pouvez pas refuser.

Votre courtoisie va nous devoir une visite! Mais, avec vous, nous ne voulons pas faire appel aux règles de la politesse. Nous nous adressons à votre cœur, & nous vous disons : «Venez donc nous serrer les mains en frères! Rien ne nous sépare plus que ce mince filet d'eau qui ne compte pas & qu'on appelle la Manche!»

Monsieur le Président,

Mylords, Messieurs,

Je bois avec joie à votre santé!

Le discours du Président du Conseil municipal de Paris, souvent souligné par des marques d'approbation & par des bravos, est suivi d'applaudissements réitérés & de vigoureuses acclamations.

Pendant plusieurs minutes, tous les convives, debout, poussent des hourras & manifestent leur enthousiasme.

Toasts de MM. Rebeillard et Henri Rousselle.

Ensuite, les deux Vice-Présidents du Conseil municipal de Paris portèrent chacun un toast : l'un, M. Rebeillard, au nom de la population commerciale de son quartier; & l'autre, M. Henri Rousselle, au nom de sa circonscription peuplée de travailleurs & d'ouvriers.

M. Rebeillard a prononcé le discours suivant :

Monsieur le Président,

Messieurs les Conseillers,

Messieurs,

Permettez-moi de m'associer aux sentiments que vient d'exprimer devant vous M. le Président du Conseil municipal de Paris.

Avec lui, avec tous nos collègues, je me réjouis de l'accueil si cordial, si enthousiaste, que vous avez bien voulu nous réserver & qui laissera dans nos cœurs un ineffaçable souvenir. Avec lui, je me félicite de l'amitié étroite qui unit nos deux Cités & nos deux peuples pour le bien commun de la civilisation.

Laissez-moi ajouter que, représentant au Conseil municipal de Paris d'un quartier composé surtout d'industriels & de commerçants en relations continues avec les industriels & les commerçants de Londres, je suis particulièrement heureux de cette loyale entente.

Les uns & les autres, grâce à cette pénétration toute pacifique, se connaîtront, s'estimeront, s'aimeront davantage &, en même temps que de chaque côté du détroit l'essor économique des deux nations se développera, se fortifieront, pour être, je l'espère, indissolubles, les liens que nous nouons aujourd'hui. Nos commerçants, nos industriels travailleront — & c'est là le sens, la haute signification qu'il me plaît de dégager des belles manifestations dont nous sommes les témoins, — pour la prospérité commune de l'Angleterre & de la France dans la paix & la concorde.

Permettez-moi, au nom même de ce radieux avenir dont vous êtes les artisans, de pousser votre cri national qui résume en terminant vos sentiments, vos joies & vos espérances : Hip ! hip ! hurrah ! — Vive le County Council ! — Hip ! hip ! hurrah ! — Vive l'Angleterre !

M. Henri Rousselle, prenant la parole à son tour, s'exprime en ces termes :

Monsieur le Président,
Messieurs les Conseillers,
Messieurs,

Je viens m'associer aux paroles de notre distingué Président, M. le Docteur Paul Brousse, & vous exprimer notre reconnaissance & nos remerciements pour votre si chaleureux & si sympathique accueil.

Mon collègue, M. Rebeillard, représentant à Paris d'un quartier commerçant, vous a parlé au nom de cette population, avec laquelle celle de Londres entretient, je puis le dire aujourd'hui, de si cordiales & de si précieuses relations.

Représentant un quartier où la classe ouvrière est en majorité, permettez-moi, au nom de la population laborieuse de Paris, de vous apporter à mon tour le salut affectueux & l'expression bien sincère de la sympathie que créent parmi nos travailleurs, parmi les travailleurs du monde entier, les mêmes besoins & les mêmes espérances dans le progrès.

Je lève mon verre & je bois à la santé de Messieurs les Membres du « County Council », je bois à la Ville de Londres, aux travailleurs qui font de votre Cité la première ville industrielle du monde !

Sir Edward Collins, ancien président du « County Council » & médecin oculiste, répondit à ces deux toasts par un discours très humoristique souligné par les rires & les applaudissements de tous.

Le Vice-Président, M. Evan Spicer, remercia à son tour, en termes émus.

SOIRÉE À SEAFORD HOUSE, CHEZ LADY LUDLOW.

A la suite du banquet, une grande réception en l'honneur du Conseil municipal de Paris était offerte par la Baronne de Ludlow, dont le mari est membre du Conseil de Comté, dans l'hôtel de Seaford House, à Belgrave Square, résidence de son fils, lord Howard de Walden.

Parmi les invités de lady Ludlow se trouvaient, avec plusieurs autres membres du Corps diplomatique, l'Ambassadeur de France, le Lord chancelier & la Comtesse de Halsbury, la Duchesse de Portland, le Comte & la Comtesse d'Essex, le Comte & la Comtesse d'Aberdeen, lord Elcho, lord Ellenborough, lord Welby, lord & lady Sandhurst, lord & lady F. Bruce, lord & lady Farquhar, lord Avebury, le Lord-Maire de la Cité de Londres & la Lady Mayoress, &c.

Les membres du Conseil de Comté de Londres & leurs hôtes ont assisté, pendant la réception, à un très artistique concert qui a été fort apprécié.

MERCREDI 18 OCTOBRE.

VISITE À L'HÔPITAL FRANÇAIS. — ÉCOLES HUGH MIDDLETON. — INAUGURATION DES NOUVELLES VOIES DE KINGSWAY ET D'ALDWYCH. — RÉCEPTION ET DÉJEUNER À MANSION HOUSE. — PROMENADE DANS LONDRES. — LES QUARTIERS DE L'EST ET LE PARC VICTORIA. — VISITE À LA NOUVELLE CASERNE DE POMPIERS DE HIGH STREET. — RÉCEPTION PAR LORD BURNHAM AU *DAILY TELEGRAPH*.

La journée du mercredi 18 octobre fut une des plus occupées.

HÔPITAL FRANÇAIS DE LONDRES.

Les Conseillers municipaux de Paris partirent, toujours dans les voitures aux couleurs du Conseil de Comté, du « Municipal and County Club » à 10 heures du matin, accompagnés de leurs collègues de Londres. Ils rendirent une visite — trop courte à leur gré — à l'Hôpital & dispensaire français, 172, Shaftesbury Avenue. Cette belle & utile institution, établie avec le concours du Gouvernement français & des autorités locales anglaises, fait le plus grand honneur aux sentiments de solidarité de la colonie française de Londres. M. Chautemps l'a visitée quand il est venu à Londres en 1889 comme président du Conseil municipal, sur l'invitation du Lord-Maire; le Conseil municipal de Paris voulant témoigner à cette œuvre française son vif intérêt, lui a voté une subvention.

L'établissement est des mieux organisés et est justement réputé; il est, en effet, remarquablement tenu. Le souvenir d'un des membres les plus honorés de la colonie française, le

GROUPE SCOLAIRE HUGH MIDDLETON

GROUPE SCOLAIRE HUGH MIDDLETON

Imp. Ch. Wittmann.

Docteur Vingtgras, l'un des dévoués fondateurs de cette belle institution & son directeur pendant de longues années, y sera fidèlement conservé, car le corps médical qui assure le double service du dispensaire & de l'hôpital continue ses généreuses traditions.

ÉCOLES DE HUGH MYDDLETON.

De l'hôpital français, les visiteurs se rendirent à un important groupe scolaire, à Hugh Myddleton, près de Clerkenwell Road. On parcourut rapidement les divers corps de bâtiment & les classes de ces belles écoles neuves; dans le grand préau, les enfants, garçons & filles, chantèrent avec un grand succès un couplet *en français* de la *Marseillaise,* puis l'Hymne national *en anglais.* Enfin on leur fit exécuter divers exercices de gymnastique ou de rapide évacuation des bâtiments. Ce dernier exercice est régulièrement fait chaque semaine dans le but de prévenir toute panique ou toute bousculade en cas d'incendie dans l'école.

Après les chants, M. Adolphe Smith, traduisant quelques mots de M. le Docteur Paul Brousse, président du Conseil municipal, remercia en anglais ces enfants, leur disant que les visiteurs parisiens feraient part du charmant accueil qu'ils avaient reçu des écoliers de Londres à leurs petits amis de France, afin que, des deux côtés du détroit, lève pour l'avenir « la graine » de l'entente cordiale.

Enfants & maîtres accueillirent chaleureusement cette allocution.

Les voitures officielles repartirent au milieu des acclamations des enfants & de la foule qui s'était formée autour des écoles pendant la visite.

INAUGURATION DES NOUVELLES VOIES DE KINGSWAY ET D'ALDWYCH.

A 11 heures & demie, les Conseillers municipaux de Paris assistèrent, à la place d'honneur, à l'intéressante cérémonie de l'inauguration, par LL. MM. le Roi & la Reine, de la grande artère de trente & un mètres de largeur que vient de créer, entre Southampton-Row & le Strand, le Conseil de Comté. Cette voie magistrale, qui, sous les noms de Kingsway (chemin du Roi) & de place d'Aldwych, constitue une opération de viabilité considérable, améliorera sensiblement la circulation & l'aspect de ce quartier central.

La voie de Kingsway avait été symboliquement fermée par une grille que le Roi devait faire s'ouvrir automatiquement au moyen d'un mécanisme commandé par un courant électrique. En tournant une clé d'or qui établissait ce courant, Sa Majesté devait littéralement ouvrir Elle-Même les nouvelles voies à la circulation.

Le Roi & la Reine, entourés d'une suite brillante, présidaient à cette curieuse & pittoresque cérémonie.

Leurs Majestés, accompagnées de la Princesse Victoria, arrivèrent dans une voiture de gala, escortée par les horse-guards. Accueillies par de grandes ovations pendant que les musiques jouaient l'Hymne national, Elles prirent place sous une vaste tribune couverte où se trouvaient réunis les invités & à l'entrée de laquelle Elles avaient été reçues par M. E. A. Cornwall, président du Conseil de Comté, & par les membres du Comité des travaux de cette assemblée.

En passant devant le groupe des Conseillers municipaux de

DÉPART DU PALAIS DE BUCKINGHAM

ÉCOLES DE HUGH MIDDLETON
BIENVENUE DES ENFANTS

LA MUSIQUE DE LA GARDE
À L'INAUGURATION
DE KINGSWAY ET D'ALDWICH

AU QUARTIER GÉNÉRAL DES POMPIERS
À WINCHESTER HOUSE

DÉPART DU PALAIS DE BUCKINGHAM.

LA MUSIQUE DE LA GARDE
À L'INAUGURATION
DE KINGSWAY ET D'ALDWYCH

ÉCOLES DE HUGH MIDDLETON
BIENVENUE DES ENFANTS

AU QUARTIER GÉNÉRAL DES POMPIERS
À WINCHESTER HOUSE

Imp. Ch. Wittmann

Paris, la Reine les salua gracieusement à plusieurs reprises &, avant de prendre place, le Roi traversa l'avenue pour venir serrer la main de M. Paul Brousse placé, avec ses collègues, en face des fauteuils royaux.

Après diverses présentations & après la réponse du Roi au discours du Président du Conseil de Comté, Édouard VII, tournant la clé d'or, ouvrit la rue; mais, avant de l'inaugurer en la parcourant en cortège avec la Reine, la Princesse royale & les personnages de sa suite, il fit prier M. Paul Brousse de venir auprès de lui & le présenta à la Reine, qui lui tendit la main en exprimant ses vœux pour que, le beau temps continuant à rendre la visite des élus parisiens aussi agréable que possible, ceux-ci conservent le meilleur souvenir de leur séjour. Le Roi s'associa aux aimables souhaits de la Reine, & cette nouvelle marque d'attention donnée publiquement aux invités parisiens du Conseil de Comté fut saluée par les bravos unanimes & par les acclamations de milliers d'assistants.

Un temps splendide favorisait cette inauguration pour laquelle un important service d'honneur était assuré par les troupes à pied & à cheval de la Garde royale.

Les chevaux d'un des landaus du Conseil de Comté, effrayés par la musique des grenadiers de la Garde royale, se jetèrent du côté de la foule; fort heureusement ils purent être immédiatement maîtrisés & il n'y eut qu'une personne de blessée sérieusement.

Cette très importante opération de voirie qui, en dehors de l'établissement de l'avenue de Kingsway & de la voie en demi-lune d'Aldwych, comprend l'élargissement d'une partie du Strand & la suppression de vieux bâtiments insalubres, occasionnera au Conseil de Comté une dépense de 141,250,000 fr.;

mais il compte, grâce aux reventes de terrain, réduire à environ 39 millions de francs la dépense réelle de cette vaste entreprise.

LE DÉJEUNER OFFERT PAR LE LORD-MAIRE À MANSION-HOUSE.

Ensuite, les Conseillers municipaux de Paris se rendirent en voiture, par les rues Theobald's Road, Farrington Road, les Halles, Snow Hill & Cheapside, dont beaucoup de maisons étaient pavoisées aux couleurs françaises & anglaises, à Mansion-House, résidence du Lord-Maire de la Cité de Londres, où, dans la Salle égyptienne, un déjeuner de trois cents couverts était offert par le Lord-Maire en l'honneur du Conseil municipal.

Ce déjeuner, servi avec la somptuosité traditionnelle de la Corporation de la Cité, réunissait pour la première fois les Membres du Conseil de Comté & ceux de cette Corporation sept fois centenaire, puisque son origine remonte à l'an 1215. A la fin du repas, le Lord-Maire, Sir John Pound, après avoir porté la santé du Roi, porta celle du Président de la République dans les termes suivants :

Je vous invite maintenant à vous joindre à moi en buvant à la santé du Président de la République française. Dans ce pays, nous considérons le Président avec le plus grand respect & la plus grande estime, car nous savons que, comme notre Roi, il a fait tout ce qui était en son pouvoir pour établir les relations amicales qui existent entre son pays & le nôtre.

Je bois au Président Loubet, & j'invite l'Ambassadeur de France à nous faire l'honneur de nous répondre.

MANSION HOUSE

LE SALON DU LORD-MAIRE

LA SALLE A MANGER

MANSION HOUSE

LE SALON DU LORD-MAIRE

LA SALLE A MANGER

Imp. Ch. Wittmann

v.4

Quand les chaleureux bravos & les hourras répétés qui saluèrent le toast du Lord-Maire au Président de la République furent apaisés, S. Exc. M. P. Cambon se leva & répondit à Sir John Pound :

Nous sommes très sensibles, mes compatriotes & moi, au toast que vous venez de porter au Président de la République française. M. Loubet a conservé un vif souvenir de sa visite à Londres, il y a deux ans. L'accueil de la Corporation de la Cité lui a laissé une profonde impression, & l'hospitalité si cordiale que vous donnez aujourd'hui au Conseil municipal de Paris montre assez que les sentiments de sympathie qui nous unissent n'ont fait que s'accentuer.

On dirait que la Providence a voulu favoriser la visite de vos hôtes français, car, par une grâce spéciale, le soleil lui-même a daigné leur sourire, & ils ont pu parcourir les rues de votre Cité sous un ciel presque bleu. Ce phénomène, unique au mois d'octobre, ne sera pas l'une des particularités les moins curieuses de cette visite; & puisque le symbolisme est à la mode, nous devrions y chercher un symbole : de cette rencontre entre les administrateurs de deux grandes Cités qui représentent éminemment dans le monde les idées de progrès, se dégageront comme d'un brouillard des lumières nouvelles & des sympathies plus vives, au grand profit de la paix & de la civilisation.

Les paroles de l'Ambassadeur furent unanimement applaudies.

Prenant de nouveau la parole, Sir John Pound proposa alors le toast du jour, c'est-à-dire celui aux hôtes parisiens de Mansion-House. Il s'exprima de la façon suivante :

Je me lève à présent pour vous proposer le toast du jour : au Président & aux membres du Conseil municipal de Paris. Je suis certain que vous l'accueillerez avec grand enthousiasme. (*Applaudissements.*)

Quand j'ai appris que le Docteur Brousse & ses collègues venaient passer une semaine à Londres comme les hôtes du Conseil de Comté pour visiter les travaux importants si admirablement conduits par nos amis à Spring Gardens[1], j'ai fait savoir à M. Cornwall que, si les arrangements le permettaient, il me ferait grand plaisir de les recevoir dans Mansion-House. (*Applaudissements.*) L'invitation fut acceptée dans l'esprit amical que, comme représentant de la Corporation, je l'avais faite & le résultat est qu'aujourd'hui je suis honoré de la présence du Président & des membres du Conseil municipal de Paris accompagnés de leurs hôtes, le Président & les membres du Conseil de Comté.

Aucun événement, au cours de mon année de mayorat, ne m'a été plus particulièrement agréable que celui-ci & je vous prie d'étendre aux deux Conseils les plus cordiaux souhaits de bienvenue de la vieille Cité de Londres.

Ce n'est pas la première fois que des présidents du Conseil municipal en exercice ont visité cette salle; mais c'est certainement la première occasion où le Conseil municipal, en tant que corps, a honoré la Cité de sa présence. (*Applaudissements.*)

Connaissant les importants engagements qui vous restent à remplir encore aujourd'hui, je ne vous retiendrai pas par de plus longues observations. Les visiteurs de Paris savent de quelle façon admirable & magnifique son Conseil municipal administre ses affaires. Nous, à Londres, nous avons souvent demandé des informations relatives aux grandes questions urbaines & nous avons beaucoup à apprendre de nos amis français. D'autre part, je suis convaincu qu'ils verront dans notre vaste métropole beaucoup de choses instructives & intéressantes dont ils emporteront le souvenir.

Je regrette que la brièveté de la visite du Conseil municipal de Paris ne nous offre pas l'occasion de lui montrer l'œuvre spéciale de la Cité de Londres; peut-être dans une occasion future aurons-nous ce plaisir. (*Applaudissements.*)

[1] Siège du Conseil de Comté de Londres.

Aujourd'hui nous lui souhaitons la bienvenue ici avec le plus sincère plaisir & les sentiments les plus cordiaux & je demanderai à son distingué & honoré président, le Docteur Brousse, de bien vouloir répondre.

M. Paul Brousse, après avoir adressé ses remerciements & ceux de ses collègues au Lord-Maire pour la cordialité de la réception qui leur est faite par la Cité, ajouta :

Nous n'avons pas oublié la visite amicale qu'un lord-maire fit à Paris en 1889, à l'occasion de notre exposition universelle. A ce précieux souvenir, se joindra celui de l'accueil que vous nous avez réservé aujourd'hui.

Messieurs, en levant mon verre en l'honneur du Lord-Maire, j'exprime à la Corporation de la Cité de Londres toute notre gratitude.

Une grande cordialité présida à cette réunion.

Avant de quitter l'hospitalière résidence des lords-maires de la Cité, les Conseillers parisiens allèrent saluer la Lady Mayoresse & les femmes des Shérifs de la Corporation dans un des salons de Mansion-House.

PROMENADE DANS LONDRES.

En quittant Mansion-House, les Conseillers municipaux parcourent en voiture Broad Street, Liverpool Street, Honndsditch, Aldgate, Whitechapel Road, Mile End Road & Grove Road jusqu'au magnifique Parc de Victoria, vaste espace de 87 hectares aménagé en jardins & en terrains de jeux & de récréation pour les adultes & les enfants.

A la belle saison, la population profite avec empressement des commodités que ce parc offre pour les ébats des jeunes enfants & pour ceux des associations sportives de cricket, de football, de tennis; elle utilise même les pièces d'eau pour le canotage & les baignades des enfants.

En passant dans Whitechapel Road on aperçoit, dans Commercial Street, un bien intéressant centre d'études sociales : Toynbee Hall, où résident une vingtaine d'étudiants, presque tous diplômés des Universités d'Oxford & de Cambridge, qui viennent se mêler à la vie des populations pauvres de ce quartier de East-End, pour étudier sur le vif & dans leur milieu les besoins matériels &.moraux des ouvriers.

Un remarquable effort a été fait en vue de l'amélioration de ces quartiers pauvres de l'Est. Dans le voisinage, on voit les maisons de refuge fondées par feu le Docteur Barnardo, où environ 7,000 enfants orphelins, dénués de ressources, trouvent un abri & des soins. Dans Whitechapel Road se trouvent la Bibliothèque gratuite & le Musée de Whitechapel dans lequel on fait des expositions périodiques d'art depuis 1901. Un peu plus loin, dans Cambridge Road, le Musée national de South Kensington a établi une annexe destinée à la population des jeunes gens de cette partie de Londres. D'immenses percées de voies larges & bien éclairées ont fait disparaître les ruelles enchevêtrées & les bouges d'antan.

CASERNE DE POMPIERS DE HIGH STREET.

Le cortège des voitures officielles était amicalement salué au passage par les habitants. Il revint du Parc Victoria par Euston Road, descendit Tottenham Court Road &, suivant la grande voie centrale d'Oxford Street, traversa Hyde Park & les jardins de Kensington pour s'arrêter à la caserne de pompiers de High Street.

Cette caserne est neuve; elle a été inaugurée le 1er juin 1905. Son aménagement est établi d'après les systèmes les plus récents, dont la plupart ont été également adoptés pour les nouvelles casernes des sapeurs-pompiers de Paris. Mais elle a été conçue de façon à permettre un très rapide rassemblement des hommes, sans adopter la méthode américaine qui sépare les pompiers de leurs familles, logées ici dans la caserne. Les célibataires, formant l'équipe des sauveteurs à cheval, habitent de petites chambres sur la façade du monument, & les chevaux, pompes, échelles & dévidoirs sont logés dans une cour couverte donnant par trois grandes portes sur la rue. Les chevaux sont harnachés automatiquement &, de tous les étages, les hommes peuvent parvenir, par des glissières, au magasin où est remisé le matériel.

On procéda, devant les Conseillers municipaux de Paris, à des expériences de départs attelés rapides, qui intéressèrent vivement les spectateurs & mirent en valeur l'excellente organisation du personnel & du matériel de ce poste modèle de défense contre l'incendie.

Le soir, les Conseillers dînèrent presque tous chez leurs hôtes & assistèrent aux représentations de divers théâtres.

Vers minuit, le Directeur d'un des plus grands journaux de Londres, le *Daily Telegraph*, offrit aux Conseillers municipaux de Paris & à quelques invités de marque une fête très originale & très brillante dans l'hôtel de ce journal situé dans Fleet Street. L'entrée de l'édifice & les diverses salles de l'hôtel étaient magnifiquement décorées & une foule élégante se pressait dans les salons & dans les salles des machines où le journal s'imprimait aux sons de l'orchestre.

Lord Burnham, directeur du *Daily Telegraph*, l'honorable Harry Lawson, son fils, l'honorable lady Hulse recevaient les visiteurs à leur arrivée & firent, avec une bonne grâce parfaite, les honneurs de cette soirée originale.

EMPLACEMENT

DU FUTUR HÔTEL DE VILLE DU CONSEIL DE COMTÉ

DE LONDRES

EMPLACEMENT
DE L'OUR HÔTEL DE VILLE DU CONSEIL DE COMTE
DE LONDRES

JEUDI 19 OCTOBRE.

LE FUTUR HÔTEL DE VILLE. — HÔTELS GARNIS ET MAISONS OUVRIÈRES. — LA NOUVELLE USINE ÉLECTRIQUE. — LE TUNNEL DE BLACKWALL. — BATEAUX À VAPEUR MUNICIPAUX. — BATEAU-POMPE. — RÉCEPTION À STRATFORD HOUSE PAR LADY COLEBROOKE.

LE FUTUR HÔTEL DE VILLE.

Le jeudi 19 octobre, les Conseillers municipaux de Paris & leurs collègues du Conseil de Comté de Londres se réunirent au Club municipal à 9 heures & demie du matin & se rendirent en voiture au pont de Westminster pour visiter l'emplacement sur lequel va bientôt être édifié le nouvel Hôtel de Ville ou « County Hall », qui sera le siège du Conseil de Comté & des divers services qu'il dirige.

D'après les plans & les dessins qu'on fit voir aux visiteurs, ce sera un édifice très important, où tous les arts du bâtiment se manifesteront & qu'on se propose de construire, sous la direction des architectes du Conseil de Comté, en régie directe. L'évaluation de la dépense est de onze cent mille livres sterling, soit environ 27,720,000 francs.

DÉPÔT DES TRAMWAYS. — HÔTELS MUNICIPAUX. MAISONS OUVRIÈRES.

Les tramways électriques municipaux, décorés de drapeaux français, conduisirent ensuite les invités du Conseil de Comté de Londres à travers Kennington Road & Kennington Park à Camberwell New Road au dépôt principal des voitures du réseau des tramways municipaux. On le visita rapidement, se rendant compte néanmoins de son bon aménagement & de son excellent état d'entretien. Puis les tramways électriques menèrent les Conseillers municipaux de Paris & leurs hôtes à un vaste établissement dénommé *Carrington House,* sorte de vaste hôtel meublé édifié pour loger les ouvriers célibataires.

Cet établissement peut loger 802 hommes.

Il a été édifié en vertu de la loi (chapitre II) sur les maisons ouvrières & consiste en un bâtiment élevé de six étages auquel on s'est efforcé de donner un caractère architectural attrayant.

Le rez-de-chaussée comprend une vaste salle à manger, une salle de lecture & un fumoir, une halle à casiers de fer (locker) où chaque locataire peut enfermer ses affaires particulières, des boutiques de barbier, de tailleur & de cordonnier. Enfin, une salle distincte est destinée au brossage des vêtements & au cirage des chaussures. Les étages sont distribués en boxes servant de chambres, meublées d'un lit en fer & d'une tablette qui peuvent se replier contre le mur ou la cloison. Des escaliers assurent, par leur disposition, une prompte évacuation en cas d'incendie.

Les plans de cette institution originale ont été dressés par M. W. E. Riley, architecte en chef du Conseil de Comté de Londres, & l'édifice a été construit sous sa direction.

Carrington House est bâti sur des terrains rendus libres par l'expropriation de maisons insalubres, & le surplus de l'espace ainsi rendu disponible a été employé à construire un groupe de 24 jolies petites maisons ouvrières dénommé *Sylva Cottages.* Chacune comporte une salle à manger, une buan-

VUES PRISES SUR LA TAMISE

VUES PRISES SUR LA TAMISE

derie-cuisine & deux chambres à coucher. Ces maisons sont habitées par 144 personnes.

On servit, dans la claire & gaie salle à manger de Carrington House, — inaugurée par le Comte de Carrington, le 21 novembre 1903, — un déjeuner frugal analogue à celui que, moyennant 45 à 60 centimes, peuvent se procurer les locataires & sans aucune boisson alcoolique. Ce fut un des épisodes les plus amusants de cette intéressante journée de visite aux œuvres du Conseil de Comté.

LA NOUVELLE USINE ÉLECTRIQUE MUNICIPALE.

Après le déjeuner à Carrington House, les voitures du Conseil de Comté permirent de gagner, par Greenwich Road, Ronmey Road & Trafalgar Road, la grande station d'électricité en construction à Greenwich & destinée à fournir la force pour la traction des tramways du Conseil de Comté.

Cette usine électrique s'édifie sur la rive gauche de la Tamise, non loin des bâtiments de l'Observatoire & de l'Hôpital de Greenwich. Elle aura une importance considérable & sa superficie sera d'un hectare & demi.

Jusqu'à présent, la moitié seulement du bâtiment principal a été édifiée; là construction contient les générateurs à vapeur, les chambres des machines & les soutes à charbon adossées à l'extérieur, la salle des pompes & divers locaux accessoires.

Chaque chaudière sera de la puissance de 1,250 chevaux-vapeur & chaque groupe de machines doit développer une force de 7,500 chevaux.

Cet important centre électrogène est destiné à produire le courant nécesaire à toutes les lignes municipales de tramways des deux côtés de la Tamise & aussi à assurer la traction des lignes actuellement affermées ou des lignes nouvelles en projet.

LE GRAND TUNNEL SOUS LA TAMISE.

De l'usine municipale d'électricité, les landaus conduisirent les visiteurs parisiens à travers le célèbre tunnel de Blackwall qui passe sous la Tamise en constituant une magnifique voie de communication, fréquentée par plusieurs lignes d'omnibus, entre les quartiers séparés par le fleuve.

Inauguré le 22 mai 1897 par S. M. le Roi Édouard VII, alors prince de Galles, ce splendide spécimen de l'art de l'ingénieur a coûté, avec ses voies d'accès, environ 32 millions de francs. Le tunnel a deux kilomètres de longueur & huit mètres de diamètre. La voie comprend une chaussée de cinq mètres de large & deux trottoirs. La surface intérieure du tunnel est formée de briques émaillées blanches.

Le tunnel & les voies d'accès sont parfaitement éclairés par l'électricité, aérés par des ventilateurs puissants, & les eaux d'infiltration ou de ruissellement sont enlevées par une canalisation reliée à des pompes en constante activité.

L'usage du tunnel est gratuit & on évalue à plus de 5 millions le nombre de personnes qui l'ont traversé au cours de l'an dernier.

Le tunnel de Blackwall aboutit, sur la rive droite de la Tamise, à des jardins de 5,000 mètres de superficie, récemment

LE PONT MOBILE SUR LA TAMISE

LE PONT MOBILE SUR LA TAMISE

créés par le Conseil de Comté sur une partie des terrains achetés en vue de sa construction & laissés disponibles après son achèvement.

LES BATEAUX À VAPEUR MUNICIPAUX.
LE COLLECTEUR DE BARKING.
LE BATEAU-POMPE « ALPHA » SUR LA TAMISE.

Un des nouveaux bateaux-omnibus du Conseil de Comté, pavoisé, attendait les Conseillers municipaux parisiens au Northumberland Warf pour, en remontant la Tamise, les conduire à Barking, où se trouve le grand collecteur Nord qui recueille les eaux des égouts de Londres.

Le service des bateaux à voyageurs du Conseil de Comté est assuré par 30 jolis steamers & a été inauguré le 17 juin 1905 par S. A. R. le Prince de Galles. Les bateaux sont plus grands que ceux qui circulent sur la Seine & ils sont aussi plus marins, car l'effet de la marée est encore très sensible à Londres. Le Conseil de Comté leur a attribué les noms des personnages célèbres dont la mémoire s'associe plus spécialement à l'idée de la Tamise.

Le grand collecteur de Barking a des pompes gigantesques, luxueusement aménagées, qui remontent les eaux de tous les égouts situés au Nord du fleuve.

On y décante & on y épure sommairement les eaux usées par l'addition de chaux & de proto-sulfate de fer destinés à précipiter les matières en suspension, & l'on charge, chaque jour, les boues résiduaires sur des chalands spéciaux que des remorqueurs de la ville conduisent en mer où ils sont déversés au large, à une distance assez grande de la côte pour éviter que le flux ne les ramène. Cette installation, bien que déjà ancienne, est des plus intéressantes.

De là, le steamer municipal, dûment pavoisé, redescendit le fleuve au milieu du mouvement admirable des navires, des remorqueurs, des grandes barques à voile qui animent la Tamise & en passant devant les docks, où l'on apercevait les mâtures des bâtiments, jusqu'au pont de Blackfriars. Là stationnait le bateau-pompe, l'*Alpha*, pouvant envoyer 6,000 litres d'eau à la minute; les pompiers fluviaux le firent manœuvrer aux applaudissements des spectateurs.

Cette descente du fleuve qui enrichit Londres, au milieu du mouvement grandiose de la navigation sur la Tamise, fut des plus curieuses & des plus impressionnantes.

RÉCEPTION
EN L'HONNEUR DU CONSEIL MUNICIPAL DE PARIS,
PAR LADY COLEBROOKE.

Le soir, tous les Conseillers municipaux de Paris furent priés à dîner par divers de leurs confrères de Londres, avec lesquels ils se rendirent ensuite à la réception offerte en leur honneur, par lady Colebrooke, dans les salons de Stratford House. Ses invités ont eu l'occasion d'admirer ainsi les fameuses décorations dues aux Adams, célèbres artistes décorateurs anglais. Afin d'agrandir les salles de réception, une grande tente aux couleurs françaises avait été dressée dans le jardin. Parmi les invités, & outre les Présidents & les membres du Conseil de Comté de Londres, on remarquait les Ambassadeurs de

LES RÉSERVOIRS
DES EAUX DE LONDRES À STAINES

LES RÉSERVOIRS

DES EAUX DE LONDRES À STAINES

France, de Russie & d'Autriche-Hongrie; le Marquis & la Marquise de Lansdowne, la Marquise d'Anglesey, la Comtesse de Crew, la Comtesse d'Aberdeen, le Comte Howe, le Comte & la Comtesse de Kerry, lord Elcho, lord & lady Monkswell, lady Hardinge, ambassadrice d'Angleterre à Saint-Pétersbourg, lord Welby, &c.

Sir Edward & lady Colebrooke ont tenu à réunir leurs hôtes principaux dans un dîner intime après la réception.

VENDREDI 20 OCTOBRE.

LES RÉSERVOIRS DE STAINES. — VISITE AU CHÂTEAU DE WINDSOR.
LE MAUSOLÉE DE FROGMORE.
DÎNER D'ADIEU OFFERT PAR LE COLONEL PROBYN.

LES RÉSERVOIRS DE STAINES.

Le vendredi 20 octobre, les Conseillers municipaux de Paris se donnèrent rendez-vous à 9 h. 20 à la gare de Waterloo, où le train les conduisit à Hampton. Ils furent reçus à la gare de Hampton par Sir Melvill Beachcroft, président de l'Administration métropolitaine des Eaux, & ses collègues, qui leur firent visiter les installations hydrauliques au sujet desquelles les ingénieurs & les membres du Comité de Hampton fournirent d'intéressantes explications. On se rendit ensuite en voiture aux grands réservoirs de Staines, qui constituent le principal centre d'approvisionnement des eaux distribuées dans la métropole.

LA VISITE AU CHÂTEAU DE WINDSOR.

De là, les Conseillers municipaux de Paris, toujours accompagnés de leurs hôtes, se rendirent à Windsor, où ils furent accueillis par Sir William Shipley, lord-maire, & par les membres de la Municipalité, qui les reçut à déjeuner à l'Hôtel de Ville.

La réception faite par les assistants a été particulièrement cordiale. Après les toasts traditionnels portés au Roi, à la

Reine & à la famille royale par le Lord-Maire de Windsor, Sir William Shipley porta la santé du Président de la République; les assistants répliquèrent en acclamant le nom de M. Loubet & en chantant la *Marseillaise*.

M. Paul Brousse, après avoir remercié le Maire de Windsor & dit combien ses collègues & lui étaient profondément touchés des marques de sympathie qu'on leur prodiguait, ajouta :

... Je vous remercie d'avoir porté la santé du Président Loubet, qui est en France bien au-dessus de toutes nos querelles.

Je vous demanderai maintenant la permission de me joindre à vous pour porter un toast à Sa Majesté le Roi d'Angleterre, qui a su nous montrer toute l'affection qu'il garde pour notre pays.

Dans cette salle figurent deux oriflammes qui furent brodées par des mains françaises, par les ouvriers que le propre frère du Roi actuel réunit en colonie à Windsor. C'est une attention délicate de les avoir mises ainsi sous nos yeux. Il y a un instant, pendant que tous nous chantions la *Marseillaise*, nous avons tous senti un grand souffle passer dans cette salle.

C'est qu'il n'y a plus ici de partis politiques, mais uniquement les enfants d'un même pays, la France, qui placent leurs mains dans celles des enfants d'un pays ami, l'Angleterre. Il y a là un ciment romain qu'il est inutile d'espérer briser. L'entente entre les deux pays & entre les deux villes est faite. C'est le fait accompli! (*Tonnerre d'applaudissements.*)

Après une visite aux admirables salles du château & une promenade dans le parc de Windsor, les Conseillers municipaux, ayant à leur tête les membres du Bureau, se rendirent au mausolée de Frogmore où, au nom de la Ville de Paris, M. Paul Brousse déposa sur la tombe de la Reine Victoria une gerbe de roses de France & de lilas blanc, nouée par des rubans aux couleurs de la Ville de Paris.

Avant de quitter Windsor, où la plupart des maisons étaient pavoisées, ils furent salués, au nom du Roi, par le Colonel Fredericks que le Président pria d'exprimer à Sa Majesté les remerciements des visiteurs parisiens pour toutes ses gracieuses attentions.

M. le Docteur Paul Brousse, président du Conseil municipal, a reçu à son retour à Paris, à ce sujet, de l'Ambassadeur de France à Londres, la lettre suivante :

Ambassade de France à Londres.

Ce 26 octobre 1905.

Monsieur le Docteur Paul Brousse, président du Conseil municipal de Paris.

MONSIEUR LE PRÉSIDENT,

Sa Majesté le Roi Édouard VII a été très touché des sentiments délicats qu'ont manifestés les membres du Conseil municipal en déposant une couronne sur la tombe de sa mère la feue Reine Victoria. Il m'a chargé de vous en transmettre ses remerciements & vous trouverez ci-annexée la lettre que m'a écrite à ce sujet le Colonel Fredericks.

En accusant réception de cette lettre, j'ai dit au Colonel Fredericks que la forme donnée par Sa Majesté à ses remerciements toucherait certainement beaucoup les membres du Conseil municipal & que ceux-ci ressentaient une vive gratitude pour les aimables attentions que Sa Majesté avait eues pour eux durant leur séjour à Londres.

Agréez, Monsieur le Président, les assurances de ma haute considération.

Signé : Paul CAMBON.

LE CHÂTEAU DE WINDSOR

LE CHÂTEAU DE WINDSOR

LE MAUSOLÉE DE FROGMORE

La lettre du Colonel Fredericks est ainsi conçue :

Palais de Buckingham, le 23 octobre 1905.

Cher Monsieur Cambon,

Je suis invité par le Roi à demander à Votre Excellence d'avoir l'amabilité de faire connaître à M. Paul Brousse & aux membres du Conseil municipal de Paris qui ont dernièrement visité l'Angleterre combien Sa Majesté apprécie les sentiments affables qui les ont incités à déposer une gerbe de fleurs sur la tombe de sa mère, feu la Reine Victoria, à l'occasion de leur visite à Windsor vendredi dernier.

Le Roi est fort touché de cette marque attentionnée de sympathie & de souvenir & il est sûr qu'elle contribuera à développer encore davantage entre les peuples français & anglais les bons sentiments que le vœu le plus ardent de Sa Majesté sera toujours de fortifier.

J'ai l'honneur d'être, &c.

Signé : Charles Fredericks,
maître adjoint de la Maison royale.

Un train spécial, mis à la disposition des Conseillers municipaux de Paris par la Compagnie du Great Western, quitta Windsor à 5 h. 20 pour arriver à la station de Paddington à 6 heures.

DÎNER D'ADIEU
OFFERT À L'HÔTEL SAVOY PAR LE COLONEL PROBYN.

Le soir, un dîner d'adieu fut offert à l'Hôtel Savoy, par le Colonel Clifford Probyn, vice-président du Conseil de Comté, aux membres du Conseil municipal de Paris, à ses collègues du Conseil de Comté & aux notabilités de Londres. La plus grande cordialité y domina & les membres des deux Conseils y fraternisèrent gaiement.

Les toasts au Roi & au Président de la République, proposés par le Colonel Probyn, ont été accueillis avec le plus vif enthousiasme. En se levant pour répondre, l'Ambassadeur de France a été l'objet d'une véritable ovation de la part de cette réunion d'élite. Prenant la parole, il déclara que tous les Français habitant l'Angleterre ont été flattés & touchés de l'accueil réservé à leurs compatriotes, les Conseillers municipaux de Paris. Tous se réjouissent de voir les liens qui unissent les capitales des deux grandes nations se fortifier chaque jour, & ils espèrent que des relations si agréables & si mutuellement avantageuses se poursuivront dans l'avenir.

Faisant allusion à une pièce montée de pâtisserie, placée devant le Président & figurant une locomotive sortant d'un tunnel sous-marin, M. Cambon exprime le vœu que cette fantaisie culinaire devienne bientôt une réalité. « Un tunnel sous la Manche serait le meilleur moyen, dit-il en terminant, d'accroître les transactions commerciales entre les deux pays. » Ses paroles ont été couvertes de bravos.

Répondant à son tour au discours amical du Colonel Clifford Probyn, qui avait célébré les mérites artistiques de Paris, « la grande Capitale », & le charme de « la belle France », M. Paul Brousse a exprimé les regrets que ses collègues & lui ressentent en se séparant de leurs confrères de Londres, qui ont reçu leurs hôtes avec tant de bonne grâce & les ont entourés de soins si délicats que les Conseillers de Paris ne savent s'ils doivent se réjouir d'aller retrouver leur famille de

France, ou bien s'attrister de quitter leur nouvelle famille d'Angleterre !

«Mais, ajoute le Président du Conseil municipal, cette séparation ne sera que momentanée; bientôt les membres du Conseil de Comté traverseront la Manche à leur tour, répondant à la cordiale invitation du Conseil municipal de Paris, qui s'efforcera d'égaler sinon les magnificences, tout au moins la courtoisie & l'affabilité de leur réception.»

RÉCEPTION À L'AMBASSADE DE FRANCE.

La dernière journée se termina par une soirée offerte par S. Exc. l'Ambassadeur de France, dans le charmant hôtel de l'Ambassade, en l'honneur des membres du Conseil municipal de Paris.

Le Corps diplomatique, le monde officiel, l'élite de la colonie française & de la société de Londres tinrent à témoigner, en venant nombreux à cette dernière soirée, — dont M. Cambon, assisté de ses principaux collaborateurs, faisait les honneurs avec une bonne grâce parfaite, — la haute estime dans laquelle le Représentant de la République française est tenu en Angleterre, où il a su se rendre véritablement populaire.

Cette brillante réception dans la maison de la France a dignement terminé la série des visites & des fêtes organisées avec le soin le plus minutieux par le Conseil de Comté & son infatigable Comité de réception.

Avant le départ, le Maire de la Cité de Westminster, au nom de la Municipalité de cette «Cité» nouvelle, a prié le Président du Conseil municipal d'accepter l'envoi à la Ville de

Paris d'une riche coupe de vermeil, la « Loving Cup », offerte en signe d'amitié à l'occasion de la visite de ses membres à Londres.

Ce présent symbolique a été, depuis, apporté à Paris par le Maire & les Conseillers municipaux de la Cité de Westminster; il est déposé à l'Hôtel de Ville.

SAMEDI 21 OCTOBRE.

LE RETOUR À PARIS.

Le samedi 21 octobre, les Conseillers municipaux de Paris, accompagnés de leurs hôtes & de la plupart des membres du Conseil de Comté auxquels beaucoup de dames avaient bien voulu se joindre, ont été conduits dans les voitures du Conseil de Comté à la gare de Victoria, où M. le Docteur Paul Brousse a pris congé de M. E. A. Cornwall en lui demandant encore de se faire l'interprète de tous ses collègues pour remercier le Conseil de Comté, ses collaborateurs & la population de Londres de l'accueil si gracieux fait aux élus de Paris, de tous les témoignages répétés d'affectueuse sympathie & des délicates attentions dont ils venaient d'être l'objet pendant tout leur séjour à Londres.

Rien ne montre mieux l'esprit amical qui animait les hôtes des Conseillers municipaux qu'un mot fort joli de Mme Spicer, la femme du Vice-Président du «County Council». Comme il avait fait beau temps pendant toute l'inoubliable semaine, mais que, le jour du départ, Londres montrait à nouveau son brouillard & sa pluie, ce que l'on remarquait au départ : «Ce sont, dit Mme Spicer, les larmes de regret de l'Angleterre.»

S. Exc. M. Cambon, ambassadeur de France, avait eu l'extrême amabilité de venir à la gare souhaiter bon voyage à ses compatriotes, & c'est au milieu des vivats que le train s'ébranla pour conduire à Douvres les invités français.

Ils retrouvèrent à leur retour toutes les prévenances dont, à leur départ & pendant toute la durée de leur séjour, les

Compagnies anglaises & françaises de chemins de fer n'avaient cessé de les entourer avec autant de spontanéité que de discrétion.

En terminant le récit de cette mémorable visite pendant laquelle les Délégués de Paris furent accueillis si fraternellement par les élus de Londres, fêtés si chaleureusement par toutes les classes de l'immense population de cette gigantesque métropole, où, chaque jour, dans les familles dont ils furent les hôtes, il n'est délicate attention qu'on ne leur prodiguât, où le Chef suprême de la nation leur marqua tant de gracieuse sympathie, les membres du Bureau du Conseil municipal de Paris, au nom de tous, ne peuvent trouver de mots assez éloquents pour traduire comme ils le voudraient toute la profonde émotion & toute la sincère gratitude qu'ils conservent de cette radieuse semaine.

RELATION OFFICIELLE
DE LA VISITE À PARIS
DU CONSEIL DE COMTÉ DE LONDRES

5-10 FÉVRIER 1905

HÔTEL-DE-VILLE DE PARIS

HÔTEL-DE-VILLE DE PARIS

PREFACE.

The cordial relations between the Municipalities of London and Paris are already of long standing. The association between the great metropolis of the United Kingdom of Great Britain and Ireland and the capital of France has existed for a considerable time and has always been a friendly one.

After the siege of Paris, in 1871, the generous sympathy felt by the inhabitants of London for the Parisians was shown by the formation of a committee, under the auspices of the Lord Mayor of the City of London, for the purpose of dispatching, on the very day when communications were reestablished, considerable stores of food to the poor of Paris, followed by successive further supplies of medical comforts, provisions, and clothing.

The recollection of this practical sympathy, this ready aid, which undoubtedly, in the case of thousands of poor families, relieved the prolonged sufferings of the siege, has never faded from the memory of those Parisians who realised then, with feelings of gratitude, the genuine devotion with which the English members of the Relief Committee carried out their brotherly mission, and who saw the delegates of this committee working in Paris, that Paris which had been so sorely tried, and which was quite exhausted by her long defence.

In 1889, on the occasion of the Great Exhibition, which coincided with the Centenary of the French Revolution, the manufacturers and merchants of London combined with those of the chief cities of the United Kingdom to display anew their goodwill towards Paris and the whole of France.

Doctor Chautemps, then President of the Municipality of Paris, who had esteemed it an honour to be allowed to offer a cordial welcome to the delegates representing the working men of England, paid a visit in 1889 to the Corporation of the City of London. He was warmly welcomed both by the Lord Mayor and by Lord Rosebery, first Chairman of the newly-established London County Council, the latter adressing to Doctor Chautemps the following autograph letter, in which the expression « entente cordiale » was employed [1].

Mentmore, Leighton Buzzard, 11th October, 1889.

DEAR PRESIDENT,

I understand that you intend shortly to visit London. I hope in this case that you will allow me to have the honour of making your personal acquaintance, and will give me the opportunity of showing the cordial good feeling which exists between the Councils of Paris and London. In my capacity of Chairman of the London County Council, as well as in that of a private citizen, I am very desirous that your stay in England should be made a pleasant one, and I should

[1] Voir le texte original, page xviii.

like to show you the surroundings of London as well as its public monuments. I, therefore, now beg you to pay me a visit here. I shall be charmed to receive you in my country-house on any day that may best suit you. I have the honour to be, &c.

ROSEBERY.

The President of the Municipal Council of Paris accepted this friendly invitation. The excellent relationship between the two great capitals has continued ever since. On every occasion when the elected members or the permanent officials have had to study questions or verify facts relating to municipal matters they have always received attention from the municipal bodies or from the officials placed at the head of the various administrative departments, each striving to outdo the other in courtesy.

The accession of His Majesty King Edward VII, whom Parisians well knew as Prince of Wales, and who has won for himself in Paris an unrivalled popularity, gave Parisians an opportunity of showing how faithful they are in their attachment to those who love and appreciate them truly. If the sympathy with which all Europe followed the phases of the severe illness which unfortunately overtook the King at the time fixed for his coronation was great among all nations, we may assert that nowhere was it deeper and more sincere than in Paris, and that the news of his recovery was received nowhere outside his own kingdom with greater joy.

This sympathy of the Parisians found an opportunity to display itself in a still more marked degree when, on the 2nd of May, 1903, His Majesty the King of England, on the occasion of his visit to France, one of such great political importance, was cordially received at the Hôtel de Ville.

The President of the Municipal Council, Monsieur Deville, then expressed the feelings of Paris towards the King in these words :

« The people of our city welcome the return of a guest whom they are accustomed to surround with respectful sympathy, of an old friend who neither forgets nor is forgotten; and during whose illness last year they shared the painful anxiety of the British people.

« We appreciate to the full the honour and the importance of this visit, which is a guarantee of peace between two neighbouring nations, and a pledge of the increasing of close and cordial relations between the two great capitals London and Paris. »

The reception which Monsieur Loubet, the President of the French Republic, obtained from the populace of London when he returned the visit paid by the King of England was warmly appreciated by all France, but more particularly did it touch the hearts of the people of Paris. The good feeling thus established between the two great liberal nations of Europe found repeated opportunities of manifesting itself. Thus, on the 29th of October, 1903, the International and Commercial Association of the City of London was received in the rooms of the Hôtel de Ville by the Municipality of Paris.

On the 27th of November the members of the House of Lords and of the House of Commons were «fêtés» in their turn, when they were introduced by an important deputation of the French parliamentary group which advocates international arbitration. They had at their head Lord Avebury.

On the 5th of July, 1904, Monsieur Dubief introduced to the Municipality of Paris a deputation from the Union of English Working Men's Clubs, led by Mr Hugh Bryan. Monsieur Desplas, President of the Municipal Council, in bidding him welcome stated : «Your visit, Gentlemen, is peculiarly gratifying to us. It follows upon other visits more august or more ceremonious, but it is none the less precious to us, since, like those that preceded it, it helps to render closer and more cordial the relations of your country with ours. »

In 1905, Monsieur Paul Brousse, President of the Municipal Council, assisted by Messieurs de Selves, Prefect of the Seine, and Lépine, Prefect of Police, formally received on the 11th of May, at the Hôtel de Ville, the delegates of the English physicians and surgeons. On the 15th of July, he received Sir Francis Bertie, the ambassador, Vice Admiral Sir William May, Commander-in-chief of the British Atlantic Squadron, and a deputation of officers from the magnificent fleet which was visiting Brest, and was being hospitably entertained there by the French navy.

It was during this reception that the approaching visit of the Paris Municipal Council to the London County Council was announced in the following words :

«Like the seaman, the Parisian is endowed with a courageous and warm heart, capable of sincere and lasting friendship; he is not to be conquered by a threatening display of military force; he must be charmed by approaching him with kindness, courtesy and discretion, as you have done. (*Applause.*) For some years past your countrymen, from your gracious Sovereign downward, have been past masters in the art of effecting this conquest. Only yesterday the Chairman of the London County Council sent us a most friendly invitation, which the Paris Municipal Council has gratefully accepted.

« In October the members of the Paris Municipal Council will go to London in large numbers.

« We well know that the invulnerable and flexible steel girdle of the British fleet will open to give passage to this invasion from France. On this occasion it will not be a Norman invasion, as the craft which bears the Parisians will have on board natives of every departement of France.

« While looking forward to our visit to London, I thank you for the visit which you have been good enough to pay us. I also beg to tender my thanks to the French officers who are acting as an escort to their companions in arms, and to express my gratitude to the ladies whose presence has graced this little festivity. » (*Prolonged applause.*)

As a reminiscence of the memorable corporate visit of the elected representatives of the Parisian population to the elected representatives of the City of London, the office of the Paris Municipal Council decided on the publication of the present official report of the festivities on the occasion of this municipal « Entente ».

The London County Council having been good enough to accept the invitation from the City of Paris and having in February 1906 returned the visit paid to London by the Paris

Municipal Council in 1905, the office of the Municipal Council has decided that the account of all the festivities which sealed the municipal « Entente » between Paris and London shall be included in the same official report, and this decision has somewhat delayed its publication.

The Syndic, L. Bellan, who organised the journey of his colleagues to London and the visit of the members of the London County Council to Paris, has acted as supervising editor. The office has entrusted the drawing up of the Report to Monsieur Gaston Cadoux, « chef de service » in the Prefecture of the Seine and for a long time head of the Secretariat office of the Municipal Council, who accompanied the President of the Municipal Council on his journey in 1889 and again on the occasion of the collective visit of the Parisian Municipality to England in 1905.

Without awaiting the issue of the present official report of this corporate visit, the office of the Municipal Council has published in the official bulletin of the City of Paris a brief report of the warm reception accorded to its elected representatives by the people of London; thinking it desirable to make known to all Parisians, without delay, the proofs of goodwill, — of friendship, and of a cordial understanding, lavished on our representatives by the municipal body which had invited them, as well as by the entire population of London.

The issue of this book is intended to record in the archives of Paris an accurate account, which shall recall the cordial good-fellowship of the elected representatives of the two capitals, and the definite desire of their immense populations to work in unison for the realisation of their common aspirations towards Peace, Justice, and Progress.

The printing of the work has been entrusted to the Imprimerie Nationale, which has performed the task with its habitual care and good taste, in the hope of ensuring perfection, both in the illustrations, especially the reproduction of documents, and in the text.

JOURNÉE DU 5 FÉVRIER.

DÉPART DE LONDRES. — RÉCEPTION DE LA DÉLÉGATION À SON ARRIVÉE À PARIS. — BANQUET À L'HÔTEL DE VILLE. — TOASTS. — DISCOURS DU PRÉSIDENT DU CONSEIL MUNICIPAL DE PARIS; DE M. DE SELVES, PRÉFET DE LA SEINE; DE SIR EDWIN CORNWALL, PRÉSIDENT DU CONSEIL DE COMTÉ DE LONDRES. — SOIRÉE DANS LES SALONS DE L'HÔTEL DE VILLE.

A la suite de la visite faite au mois d'octobre 1905 par le Conseil municipal de Paris à Londres, sur l'invitation du Président & des membres du Conseil de Comté, la Municipalité parisienne, qui avait, au cours de son séjour à Londres, demandé aux Conseillers de la Capitale britannique de lui faire l'honneur de lui rendre cette visite, réitéra son invitation par l'envoi, le 5 novembre 1905, d'une lettre chaleureuse leur demandant de consacrer la semaine du 5 au 10 février 1906 aux réceptions organisées par le Conseil municipal de Paris & à diverses visites dans la capitale de la République française.

Dans cette invitation, M. le Président Paul Brousse, au nom du Conseil municipal de Paris, déclarait que *la population parisienne tout entière, à l'imitation de la population de Londres, se chargerait de donner à cette réunion des élus des deux capitales, qui scellerait l'entente municipale, son véritable caractère & sa haute portée.*

Cette prévision a été entièrement justifiée.

Le Président du Conseil de Comté de Londres, Sir Edwin Cornwall, accepta au nom de ses collègues & au sien la date ainsi fixée, & M. Léopold Bellan, syndic du Conseil municipal, fut chargé par le Bureau d'organiser, avec le concours de M. Bouvard, commissaire général des Fêtes, une série de réceptions & de visites devant se réaliser du lundi 5 février au samedi suivant.

Le programme en fut établi de façon à donner aux visiteurs une impression d'ensemble de la vie de Paris & du rôle du Conseil municipal.

Afin de répondre à la courtoisie du Comité de réception du Conseil de Comté de Londres, qui, au mois d'octobre 1905, avait délégué à Paris, au-devant des Conseillers parisiens se rendant à Londres, deux de ses membres, lord Elcho & le Capitaine Fitz Roy Hemphill, le Bureau du Conseil municipal chargea les deux Vice-Présidents, MM. Rebeillard & Henri Rousselle, accompagnés d'un chef de bureau du Secrétariat du Conseil municipal, M. G. Cadoux, de se rendre à Londres, au-devant des invités de la Ville de Paris & de les amener à Paris.

Les délégués du Conseil municipal arrivèrent le dimanche 4 février à Londres & en repartirent le lundi 5 à 9 heures du matin, avec les Conseillers du Conseil de Comté qui, au nombre de 87, avaient bien voulu accepter l'invitation de Paris. Voici le nom des hôtes du Conseil municipal :

Sir Edwin Cornwall, président du Conseil de Comté, membre du Parlement;

MM. Evan Spicer, vice-président, & le Lieutenant-Colonel Probyn, deputy-chairman; Sir William Collins, ancien président, M. P.; M. Mac

Kinnon-Wood, ancien président, M. P.; M. J. Williams Benn, ancien président, M. P.;

Lord Elcho, l'Hon. Capt. Fitz Roy Hemphill, le Capt. G. S. C. Swinton & M. Th. Wiles, M. P., secrétaires honoraires du Comité;

MM. W. J. Lancaster & Timothy Davies, M. P., trésoriers honoraires du Comité;

MM. J. Allen Baker, M. P.; J. W. Cleland, M. P.; Stephen Collins, M. P.; S. J. Horniman, M. P.; N. W. Hubbard, W. C. Johnson, Ambrose Pomeroy, John E. Sears, M. P.; Lewen Sharp, A. J. Shepheard, Henry Ward, W. B. Yates, présidents de Commissions;

MM. H. T. Anstruther, William Bailey, Edmund Barnes, W. B. Baron, Sir William J. Boll, C. W. Bowermman, M. P.; James Branch, Jocelyn Brandon, R[ald] Bray, Sir F. H. Brooke-Hitching, Edmund Brown, W. Wallace Bruce, Alfred F. Buxton, Edward Collins, Lieutenant-Colonel C. F. Colville, Benj. Cooper, George Dew, Fred. Dolman, E. Baxter Forman, Th. Gautrey, H. J. Glanville, Fr. Goldsmith, Will. Goodman, Alfred C. Goodrich, H. H. Gordon, Harry Gosling, H. J. Greenwood, H. A. Harben, G. A. Hardy, M. P.; S. Edmund Harvey, William Hunt, T. H. W. Idris, M. P.; R. S. Jackson, M. P.; James Jeffery, H. L. Jephson, A. L. Leon, John Lewis, Isaac Mitchell, Sir Francis Movatt, W. E. Mullins, Walter Pope, G. H. Radford, M. P.; R. A. Robinson, Lieutenant-Colonel A. Rotton, Arth. B. Russell, W. S. Sanders, Stuart Sankey, Geo. Shrubsall, Edw. Smith, John Smith, W. C. Steadman, M. P.; James Stephens, H. R. Taylor, A. A. Thomas, W. W. Thomson, Graham Wallas, F. W. Warmington, David S. Waterlow, M. P.; Sir Algernon E. West, Edward White, Howell J. Williams, Jabez Williams.

M. Gomme, secrétaire général (*clerck*) du Conseil de Comté, avait malheureusement été empêché de se rendre à Paris; mais un des fonctionnaires de son service, M. Day, le remplaça. M. Breton, inspecteur des écoles de Londres, faisant fonctions d'interprète pour Sir Edwin Cornwall & secondé par M. Smith, publiciste, ainsi que M. Thomas, secrétaire particulier du Président, accompagnaient également la Délégation des élus de Londres, à laquelle plusieurs correspondants des principaux journaux anglais s'étaient joints pour toute la durée de leur séjour.

DÉPART DE LONDRES.

Sur le quai de départ de la gare de Victoria, à Londres, M. Rebeillard adressa, au moment de monter dans le train spécial qui devait conduire nos invités à Douvres, les paroles suivantes à Sir Edwin Cornwall, président du Conseil de Comté, & aux membres de cette assemblée :

MONSIEUR LE PRÉSIDENT,
MESSIEURS LES CONSEILLERS,

Nous venons, mon ami Henri Rousselle & moi, au nom de nos collègues du Conseil municipal, au moment où vous vous apprêtez à recevoir notre hospitalité, vous apporter le salut affectueux de Paris.

Paris, Messieurs, vous attend. Paris se réjouit de votre venue qui scellera à jamais l'amitié qui unit les deux capitales & soyez assurés qu'au lendemain des inoubliables heures que nous avons passées à vos foyers les journées qui vont commencer en France marqueront à leur tour une date mémorable dans l'histoire de nos cités.

Laissez-nous, au nom des élus de Paris qui nous en ont donné le mandat, vous souhaiter, à l'instant où vous vous embarquez, une heureuse traversée. Tous tiendront à cœur, dès que vous arriverez en terre française, à prouver la solidité des liens qui nous unissent & la profondeur de notre inaltérable sympathie.

Sir Edwin Cornwall, président du Conseil de Comté, répliqua par quelques mots affirmant sa confiance dans la réussite complète de la manifestation amicale préparée par Paris, & le voyage commença.

Au débarcadère de Calais, dont la gare était pavoisée & décorée de plantes vertes, les invités de Paris trouvèrent un train spécial de luxe, gracieusement organisé par la Compagnie des chemins du Nord, qui avait confié à son agent commercial à Londres, M. Sire, la mission d'accompagner en France la Délégation anglaise; ce train comprenait deux wagons-restaurants.

Le déjeuner eut lieu au départ de Calais à 1 heure & demie. A 5 heures, le train s'arrêtait à la gare du Nord où une salle, pavoisée de drapeaux anglais & français & ornée de draperies & de plantes, avait été mise à la disposition du Bureau & des membres du Conseil municipal, ainsi que du Bureau du Conseil général de la Seine qui avait eu l'amabilité de se joindre à la Municipalité parisienne.

A son arrivée, le train, dont la locomotive était décorée à l'avant d'un faisceau de drapeaux des deux pays amis, fut accueilli par les vivats des Conseillers parisiens & des voyageurs présents, pendant que la musique du 24e de ligne jouait le *God save the King* & la *Marseillaise*, & qu'une compagnie de la Garde municipale rendait les honneurs aux hôtes de Paris.

L'Administration parisienne était représentée par M. Autrand, secrétaire général de la Préfecture de la Seine, & par M. Laurent, secrétaire général de la Préfecture de Police. M. Bonnet, maire de l'arrondissement, était également présent. M. Albert Sartiaux, ingénieur en chef de l'exploitation, représentait la Compagnie des chemins de fer du Nord.

Au milieu des acclamations, M. Paul Brousse, s'avançant au-devant des voyageurs, donne l'accolade à Sir Edwin Cornwall. On se rend immédiatement au salon de réception où se font les présentations : le Président du Conseil municipal adresse aux hôtes de la Capitale quelques paroles de bienvenue auxquelles le Président du Conseil de Comté répond brièvement.

Un cortège, formé d'une cinquantaine de landaus conduits par des cochers à la livrée de la Ville & escortés de gardes municipaux, se forme rapidement. Il gagne le Grand-Hôtel où les appartements des Conseillers anglais avaient été retenus par les soins de la Municipalité parisienne; toutes les dispositions avaient été prises en vue de leur assurer le plus grand confort pendant leur séjour. Les invités du Conseil municipal y trouvèrent leur bagage envoyé séparément de la gare, & furent vite installés.

On leur offrit une brochure illustrée contenant une série de monographies des services municipaux de Paris, centralisées & éditées par les soins de M. Léon Martin, chef de cabinet du Président du Conseil municipal, & imprimées, par les soins du Bureau, à la fois en français & en anglais. Ce volume contenait également le programme de la semaine.

BANQUET À L'HÔTEL DE VILLE.

A 7 heures & demie a eu lieu, dans la salle des Fêtes de l'Hôtel de Ville, le banquet offert par la Municipalité aux Conseillers du Comté de Londres ainsi qu'aux notabilités anglaises & françaises habitant Paris.

Le Palais municipal était entièrement illuminé & tout pavoisé.

Ce dîner solennel a cependant vite revêtu un caractère de véritable cordialité qui n'a fait que s'accentuer pendant tout le cours de la semaine.

Les invités de la Municipalité étaient reçus dans le salon des Arcades par le Président du Conseil municipal de Paris & par le Préfet de la Seine, entourés du Bureau de l'Assemblée communale : MM. Rebeillard, Henri Rousselle, vice-présidents; MM. Brenot, Henri Turot, Marchand & Heppenheimer, secrétaires, & M. Léopold Bellan, syndic.

Toutes les tables, disposées perpendiculairement à la table principale tenant toute la longueur de la spacieuse salle des Fêtes, étaient garnies de chemins de fleurs artistement harmonisés avec l'ensemble de leur décoration.

Au centre de la table d'honneur étaient placés M. le Docteur Paul Brousse, président du Conseil municipal, & M. de Selves, préfet de la Seine.

M. Brousse avait à sa droite : Sir Francis Bertie, ambassadeur d'Angleterre; Mme de Selves, M. Doumer, président de la Chambre des Députés; M. le Colonel Lamy, représentant le Président de la République; Mme E. Brousse, M. Lépine, préfet de Police; M. le Lieutenant-Colonel Probyn, deputy-chairman du « County Council »; Mme Bouvard, M. Étienne, ministre de la Guerre; M. T. Mac Kinnon Wood, ancien président du Conseil de Comté; Mme Paul Escudier, M. Merlou, ministre des Finances; lord Elcho, Mme Mesureur, M. Ruau, ministre de l'Agriculture; le Capitaine G. S. C. Swinton, Mme Félix Roussel, M. Rebeillard, vice-président du Conseil municipal; M. J. W. Lancaster, Mme Bompard, M. Autrand, secrétaire général de la Préfecture de la Seine; M. J. Allen Baker, Mme Piperaud, M. Léon Barbier, président du Conseil général, &c.

M. de Selves avait à sa gauche : Sir Edwin Cornwall, président du Conseil de Comté; Mme Rebeillard, M. Rouvier, président du Conseil, ministre des Affaires étrangères; Mme Autrand, M. Evan Spicer, vice-président du Conseil de Comté; Mme Navarre, M. Dubief, ministre de l'Intérieur; Sir William Collins, ex-président du Conseil de Comté; Mme Menant, M. Thomson, ministre de la Marine; M. J. Williams Benn, ancien président du Conseil de Comté; Mme Chérioux, M. Bienvenu-Martin, ministre de l'Instruction publique, des Beaux-Arts & des Cultes; le Capitaine Fitz Roy Hemphill, Mme Armand Bernard, M. Clémentel, ministre des Colonies; M. Th. Wiles, Mme Ernest Caron, M. Dujardin-Beaumetz, sous-secrétaire d'État aux Beaux-Arts; M. T. Davies, Mme de Metz, M. Henri Rousselle, vice-président du Conseil municipal; Mme Ernest Moreau, M. Laurent, secrétaire général de la Préfecture de Police, &c.

L'excellente musique du 28e régiment d'infanterie de ligne s'est fait entendre au cours du dîner.

Le dîner comptait environ 500 convives.

LES TOASTS.

Au dessert, M. Paul Brousse, président du Conseil municipal de Paris, s'est levé pour porter le toast suivant :

MESSIEURS,

J'ai l'honneur de porter un toast à Sa Majesté le Roi Édouard VII, à Sa Gracieuse Majesté la Reine-Impératrice Alexandra, aux membres de la famille royale & aux peuples de l'Empire britannique. (*Applaudissements prolongés & hourras.*)

La musique militaire a fait entendre l'Hymne national *God save the King*, que les convives écoutèrent debout.

Sir Francis Bertie, ambassadeur d'Angleterre, a répondu en portant le toast suivant :

MESSIEURS,

J'ai l'honneur de porter un toast à Monsieur le Président de la République française & je dis : Vive Monsieur le Président ! Vive la France ! (*Bravos unanimes & acclamations.*)

M. le Président du Conseil municipal a ensuite remercié le représentant du Président de la République, les membres du Gouvernement & S. Exc. l'Ambassadeur en ces termes :

MONSIEUR LE REPRÉSENTANT DU PRÉSIDENT DE LA RÉPUBLIQUE,

Nous sommes profondément reconnaissants à M. le Président de la République d'avoir bien voulu se faire représenter à cette fête qui unit les élus municipaux de Londres & de Paris.

Nous vous prions de faire agréer à M. Émile Loubet nos remerciements sincères & l'hommage de notre profond respect. (*Applaudissements.*)

MONSIEUR LE PRÉSIDENT DE LA CHAMBRE DES DÉPUTÉS,

MONSIEUR LE PRÉSIDENT DU CONSEIL DES MINISTRES,

MONSIEUR L'AMBASSADEUR,

MESSIEURS LES MINISTRES,

Au nom du Conseil municipal de Paris, je vous prie d'accepter l'expression de notre reconnaissance pour l'honneur que vous faites à la capitale de la France en vous joignant à ses édiles pour accueillir avec une sincère cordialité les Représentants de la grande capitale britannique. (*Vifs applaudissements.*)

DISCOURS DE M. PAUL BROUSSE,

PRÉSIDENT DU CONSEIL MUNICIPAL DE PARIS.

M. Paul Brousse s'assied un instant, puis se relève pour prononcer son discours. Il est salué par les bravos répétés des invités anglais qui lui font, avant qu'il puisse prendre la parole, une chaleureuse & longue ovation.

Le Président du Conseil municipal s'exprime en ces termes :

MONSIEUR LE PRÉSIDENT,

MESSIEURS LES CONSEILLERS,

Rien dans le monde ne s'improvise & votre visite obéit à la loi commune. Mieux qu'un incident heureux, elle est un des plus intéressants épisodes de l'évolution qui a conduit nos deux pays à cette entente cordiale qu'à Londres nous appelâmes de son véritable nom : une réconciliation de famille.

C'est lentement que les relations entre les peuples se modifient avec le milieu où ils s'agitent, mais c'est nécessairement aussi. Dans l'Europe contemporaine, les deux grandes nations constitutionnelles, éprises toutes deux de liberté, unies par le solide lien matériel de l'industrie & du commerce, devaient arriver à la compréhension exacte de leurs sentiments & de leurs intérêts.

De ce rapprochement nous sommes les ouvriers dévoués. Par la grande avenue qui conduit à cette maison commune & qui porte son nom, l'avenue Victoria, la Souveraine, dont tout cœur anglais garde la mémoire, vint ici même avec le Prince Albert, son époux, & son fils le Prince de Galles. (*Applaudissements.*) Celui-ci s'éprit de Paris dont il resta l'ami obstiné. Devenu le Roi Édouard VII, le Conseil municipal eut l'honneur de le saluer dans cet Hôtel de Ville. Puis arrivèrent vos marins aux énergiques & rassurantes figures, vos savants au front pensif, vos ouvriers, que par deux fois j'ai eu la chance & la joie d'accueillir en camarades dans cette ville; c'est vous qui accourez maintenant, nombreux, sacrés par le suffrage populaire, représentant cinq millions d'habitants. (*Bravos.*)

C'est la marche à travers le détroit, souverains en tête, de toute une nation! C'est l'invasion paisible, la conquête par le cœur de cette France dont l'Angleterre naissante emprunta un essaim vigoureux.

A son tour, la France, avec ses hommes de science, ses hommes de mer, ses hommes politiques, ses édiles, son Président, s'est assise au foyer de l'Angleterre devenue pour elle une libérale amie.

En ce moment les deux bonnes voisines siègent côte à côte dans les conseils de l'Europe avec cet objectif commun : le maintien de la paix. (*Approbation unanime. — Très bien! Très bien!*)

Sur ce pied vigoureux de l'entente cordiale, vous avez greffé, Monsieur le Président du Conseil municipal de Londres, une idée pratique, « l'entente municipale ». Vous nous avez dit dans votre discours de l'Hôtel Cecil : « Notre rencontre, si importante soit-elle, est peu de chose, comparée à cette grande idée : l'échange de vues entre les grandes municipalités. »

On voit bien, Sir Edwin, que vous êtes doué de deux grandes qualités du caractère de votre race : le sentiment & le goût de l'utile. Et, comme le résultat de la visite en commun de vos grands services municipaux s'est montré fécond, vous avez manifesté l'intention de pousser plus avant votre projet de l'entente municipale, d'en élargir l'application à toutes les grandes villes. Notre étude d'administration comparée serait plus intense ayant un champ d'expériences plus vaste.

Vous cherchez en outre, dans ce rapprochement des édiles des différentes nations, de nouvelles garanties pacifiques. Entre Londres & Paris, l'entente cordiale a pris la tête; l'entente municipale a suivi. Dans les congrès que vous proposez, la marche serait inverse : d'une entente municipale élargie sortirait une plus large entente cordiale.

L'idée n'est point banale. Elle témoigne de votre compétence, de la hauteur de vos vues, elle vous honore & elle mérite assurément l'attention & l'approbation de ceux qui nous écoutent. (*Applaudissements.*)

Vous faites appel à l'esprit municipal pour agir sur l'esprit national. Cet esprit municipal qui fit l'isolement des cités antiques, cet esprit municipal qui, après avoir donné, au moyen âge, à la bourgeoisie sa force & posé les bases de sa grandeur, devint — voyez les républiques italiennes — le violent obstacle à la formation des nationalités, vous comptez sur lui maintenant pour garantir le germe précieux de la paix internationale & le faire lever en blonde moisson pacifique! (*Très bien! Très bien!*)

Et pourquoi pas ? L'esprit de discorde ne s'est point conservé immuable dans les grandes villes. A Paris, de tous nos services municipaux, je n'en connais pas un qui prépare le citoyen à la haine! Tous l'incitent, au contraire, à la concorde : l'Enseignement & ses mesures de solidarité scolaire, l'Assistance, l'Hygiène, les Transports. Les bons ouvriers municipaux sont donc préparés, entraînés, pour la propagande des idées de paix & de progrès.

Ce grand projet porte la marque de l'administrateur qui, pendant de si longues années, a mis son dévouement & ses capacités au service de Londres & que les électeurs viennent de récompenser si légitimement en le choisissant pour leur représentant à la Chambre des Communes.

Mais, Messieurs, vous n'êtes pas uniquement de savants collègues venus pour accomplir avec nous une étude municipale : à la joie qui éclaire, ce soir, tous les visages, on sent qu'un autre mobile vous a incités à entreprendre ce voyage. Ce mobile c'est l'amitié, le plaisir de bons amis qui se revoient & sont heureux de se retrouver ensemble.

Depuis notre dernière rencontre, quelques-uns de vous ont grandi — par leur élection à la Chambre des Communes, — ce dont je félicite surtout le corps électoral. Mais je vois que le cœur d'aucun de vous n'a changé.

Ce spectacle nous reporte à ce merveilleux voyage où nous fûmes vos hôtes, où Londres, malgré la mauvaise saison, avait mis, pour nous faire honneur, une toilette presque printanière. Pourquoi passe-t-il à ce souvenir une ombre de tristesse dans mon esprit : serait-ce le regret — si naturel à mon âge — des jours disparus! Ne le croyez pas, Messieurs : c'est l'absence des fées tutélaires de vos foyers, qui nous firent votre réception si gracieuse & si touchante. (*Vifs applaudissements.*) Vous leur direz, n'est-ce pas, que ce soir nous nous sommes entretenus d'elles! Voici d'ailleurs nos femmes & nos filles accourues pour vous faire accueil & vous charger à leur adresse de leurs plus chaleureux remerciements. (*Très bien! Acclamations.*)

En ce temps-là, heure par heure, minute par minute, le télégraphe faisait connaître à la France qu'à Londres, sans distinction de partis, on acclamait ses enfants. Regardez cette assemblée. Vous jugerez aux sommités de tous ordres qui nous assistent que ce n'est pas Paris seulement qui vous reçoit, mais la France tout entière qui vous acclame.

Je vous invite, Mesdames, Messieurs, à lever votre verre avec moi en l'honneur de Monsieur le Président du Conseil municipal de Londres, à tous nos collègues du «County Council», à l'amitié inaltérable de Londres & de Paris. (*Bravos, acclamations, double salve d'applaudissements.*)

DISCOURS DE M. DE SELVES,

PRÉFET DE LA SEINE.

M. le Préfet de la Seine s'est ensuite exprimé de la façon suivante :

MESSIEURS,

Je salue à mon tour votre venue parmi nous.

De cœur avec les élus de Paris, le Préfet de la Seine y voit la marque nouvelle des sentiments de cordiale entente & de bonne amitié qui unissent nos deux patries.

Cette entente & cette amitié, il les enregistre une fois de plus avec une joie profonde, car elles sont à ses yeux la source féconde de la prospérité des deux nations, en même temps qu'elles servent la cause de l'humanité elle-même. (*Applaudissements.*)

Différents par notre tempérament comme par le sol & le climat de nos pays, nous pouvons en effet beaucoup, Messieurs, par un utile emploi de nos qualités & de nos efforts, pour le progrès humain. Le goût de l'action énergique, persévérante, efficace, a pris chez vous la ténacité d'un instinct héréditaire, l'étendue d'un caractère national; vous avez la passion de l'effort pour l'effort.

C'est la qualité profonde de votre race, qui vous accompagne partout où vous allez, & compte presque toujours parmi les causes de vos résolutions, remplissant en toute circonstance l'office d'un premier moteur toujours présent, toujours tendu, aussi universel que vous l'êtes vous-mêmes sur la surface du monde. (*Très bien! Très bien!*)

Dans l'histoire de vos genres littéraires comme dans tous les autres départements de la Pensée, si admirables, si riches & si variés, cette qualité s'affirme merveilleusement : Que Shakespeare, Milton ou d'autres encore parlent, on sent la vocation par excellence de peindre, ou la tension concentrée du ressort volontaire ou le déplacement vigoureux de l'activité humaine. (*Vive approbation.*)

Votre goût de l'action ne vous porte cependant pas à démolir; tout au contraire, chez vous la génération suivante ne rompant pas avec la précédente, les réformes se superposent aux institutions, & le présent, appuyé sur le passé, le continue. (*Bravos.*)

Ces qualités ne sont pas, hélas, toujours les nôtres, Messieurs, mais je m'en voudrais de vous laisser croire que, pour être différentes, j'estime que nous n'en possédons pas aussi; & je serais tenté de vous en dire quelques-unes si la modestie ne me fermait la bouche.

Dans un ouvrage que lui inspirait votre pays, un de nos historiens & de nos grands penseurs analysait votre caractère, votre tempérament, votre génie national; &, marquant les différences qui séparent votre race & la nôtre, il disait dans un langage familier :

« Ces différences contribuent toutes à rendre l'Anglais plus fort & le Français plus heureux. L'habit du premier est plus solide, celui du second est plus commode. Le premier a raison d'élargir son vêtement qui le gêne aux entournures, le second ferait bien d'éviter les mouvements brusques qui peuvent faire craquer son étoffe fragile; mais il semble que chacun d'eux a le genre d'habit qu'il préfère. » (*Vifs applaudissements & rires.*)

Avait-il raison! A chacun d'apprécier.

Ce que je sais bien, c'est la haute estime que nous avons pour la fière Angleterre, la respectueuse affection que nous éprouvons pour son Roi, l'amitié dont nous nous sentons animés envers vous, Messieurs, que nous sommes heureux de recevoir, & à la santé desquels nous buvons d'un cœur unanime. (*Double salve de bravos & acclamations.*)

DISCOURS DE SIR EDWIN CORNWALL,
PRÉSIDENT DU LONDON «COUNTY COUNCIL».

Lorsque le Président du Conseil de Comté de Londres, Sir Edwin Cornwall, s'est levé à son tour pour répondre, il a été salué par les chaleureuses acclamations de toute l'assemblée. Il a prononcé, en anglais, un important discours dont on trouvera le texte aux annexes & dont voici la traduction :

EXCELLENCE,

MONSIEUR LE PRÉSIDENT,

MESSIEURS LES PRÉFETS,

MESSIEURS,

Je suis certain que l'éloquent discours de M. le Docteur Brousse a produit une profonde impression dans le cœur de tous. Cette impression n'a d'égale que celle qu'exerce sur nous le magnifique & incomparable accueil que la Ville de Paris nous a réservé aujourd'hui.

Pour la grande majorité des membres du «London County Council » cette visite à Paris restera un des plus mémorables souvenirs de leur vie.

Je tiens également à rappeler quel inoubliable souvenir le Conseil municipal de Paris a laissé à Londres au cours de sa visite du mois d'octobre dernier. Je ne saurais dire si ses membres ont eu plus de succès en public ou dans les réceptions privées. Ce qu'il faut constater, Messieurs, c'est que vous avez conquis Londres & que cette conquête a été décisive. Nous ne pouvons croire à un succès analogue & espérer conquérir Paris. Londres nous a cependant envoyés ici pour tenter la chose.

Londres, en effet, n'oubliera jamais l'honneur que vous lui avez fait en venant le visiter, honneur qui nous vaut aujourd'hui un avantage : car non seulement nous visitons pour la première fois une capitale voisine, mais nous venons parmi vous que nous aimons à considérer comme des amis personnels.

Vous savez tout ce que personnifie pour nous autres, Anglais, le mot «home», surtout quand nous avons passé les mers. Eh bien! je dois l'avouer — & je suis certain d'être l'interprète de mes collègues — jamais, bien qu'éloignés de notre pays, nous n'avons senti à un tel degré la joie d'être au milieu de personnes amies, plus qu'amies, dont la ville est en ce moment, dans toute l'acceptation du mot, notre «home». Ce souvenir nous restera toujours cher; nous pourrons le transmettre à nos enfants & aux générations à venir pour leur permettre de perpétuer & garder vivantes ces amitiés internationales.

Et cependant le caractère privé de notre visite est peu de chose si on le compare aux immenses résultats qui peuvent naître de votre visite à Londres & de la nôtre à Paris.

Le discours de M. Brousse, votre président & mon estimé «collègue» — ne sommes-nous pas, en effet, collègues & collaborateurs dans ce champ d'études qu'est le service municipal — a été animé de ces sentiments vivants qui sont l'expression même de la vie sociale que nous représentons & que nous essayons de répandre en canaux fertilisants pour accroître dans nos deux villes le bien-être public. Le

Docteur Brousse nous entraîne même hors des limites de cette cité. Il nous a dit que, non seulement Paris, mais la France entière nous fête ici ce soir. (*Assentiment général.*)

Nous apprécions vivement ce compliment flatteur. Nous savons cependant que Paris a toujours été le cerveau & le cœur de la France. Nous savons que ce que Paris pense ce soir, la France le pensera demain. Nous savons enfin que, lorsque les généreux instincts de Paris montrent la route, le pays tout entier ne peut que suivre la Ville qui, plus d'une fois, a montré le chemin non seulement à la France, mais au monde.

A mon tour, & m'inspirant de l'exemple du Docteur Brousse, je n'hésiterai pas à vous confier que Sir Edward Grey, notre ministre des Affaires étrangères, m'a donné l'assurance que notre visite à Paris avait sa plus chaude approbation & qu'il m'a exprimé le désir de coopérer de toutes ses forces à l'œuvre que nous poursuivons. (*Mouvement d'attention.*)

Ici, permettez-moi de dire combien nous sympathisons profondément avec cet éminent homme d'État dans la soudaine & triste perte qu'il vient d'éprouver en la personne de lady Grey. Ce faisant, je suis certain d'exprimer les sentiments du peuple de Paris aussi bien que ceux de ses concitoyens à Londres & dans le monde entier. (*Très bien ! Très bien !*)

Nous suivrons l'exemple des augustes personnes qui l'ont si dignement précédé dans la voie de cette entente qui a posé le premier pavé de la route que nous avons suivie pour venir ici.

Je fais allusion à votre illustre Président M. Loubet & à Sa Gracieuse Majesté le Roi Édouard VII. Ils ont été les créateurs d'un rapprochement qui est devenu depuis un entraînement général dont rien, j'en ai la conviction, ne pourra enrayer le développement continu. A leurs noms, je tiens à joindre ceux de M. Paul Cambon, votre ambassadeur à la Cour de Saint-James, de Sir Edmund Monson & de Sir Bertie, l'ancien ambassadeur & le représentant actuel de la Grande-Bretagne à Paris. (*Applaudissements.*)

Voyez la force de ce mouvement! Bien que de grands changements se soient produits dans le gouvernement anglais & qu'une oscillation dans la politique intérieure en ait été la conséquence, nos sentiments sont restés les mêmes & nos affections n'ont pas changé.

L'« Entente municipale », qui est une phase particulière de l'« Entente » & celle que nous représentons ici, est, j'ose le dire, l'une des branches les plus vivaces de ce faisceau d'intérêts où se trouve engagée la vie commune de nos deux pays.

Je m'associe de tout cœur à la déclaration de M. Brousse qui a dit que cette « Entente municipale » aidera prodigieusement à l'étude des affaires municipales.

Le temps ne me permettra pas d'indiquer les nombreux points qui doivent être l'objet de notre préoccupation, de notre assistance mutuelle, tendant à seconder les intérêts des neuf millions de personnes dont les destinées «municipales» nous sont confiées.

Mais chaque jour, ou plutôt chaque heure, de ce contact intime entre les membres de nos deux Conseils nous aidera à trouver les solutions que nous cherchons aux problèmes compliqués & pleins de hautes conséquences que Londres & Paris posent aux représentants qu'ils ont choisis. (*Très bien!*)

Votre visite à Londres a déjà provoqué de nombreuses discussions. Les noms de M. Brousse & de M. Bellan sont devenus des mots familiers & leurs *obiter dicta* ont déjà pris le caractère d'une autorité dogmatique. Ce n'est pas le seul titre de gloire que M. Bellan possède à Londres. Nous savons que c'est à lui & au Capitaine Hemphill qu'est dû le succès des plans qu'avaient élaborés les Présidents des deux Conseils. Je suis certain que vous applaudirez tous, Messieurs, à l'immense effort que ce résultat leur a coûté & je ne puis que souhaiter à tous les présidents d'être assez heureux pour trouver, comme le Docteur Brousse & moi, d'aussi infatigables collaborateurs.

A l'occasion de votre visite à Londres, j'ai été amené à vous dire que le développement des lois destinées à améliorer & à élever la condition du peuple dépendait beaucoup des municipalités. Je maintiens que, dans l'œuvre municipale, il reste une large place pour l'élaboration des lois qui amélioreront d'une façon effective la condition sociale du peuple. Depuis lors, ma façon de voir a été adoptée par mes compatriotes, puisque dans les récentes élections il n'y a pas eu moins de 32 conseillers du Comté de Londres élus membres de la Chambre des Communes. (*Bravos répétés.*)

L'influence que les municipalités, surtout les municipalités de capitales, peuvent exercer l'une sur l'autre ne reste pas enfermée dans ces villes, mais devient un lien entre les nations.

Les nations peuvent malheureusement avoir parfois, entre elles, des différences marquées; mais la rivalité des grandes villes ne doit jamais être plus qu'une aimable rivalité pour obtenir un résultat meilleur.

L'influence que les villes exercent l'une sur l'autre devrait être pacifique; elle l'est d'ailleurs de fait. Jusqu'à présent, les nations n'ont pu parler que comme des nations, se battre & faire la paix comme telles, & les villes en tant que membres de ces nations ont eu souvent à souffrir en conséquence.

Ce qui a manqué, c'est un moyen de communication, officieux mais effectif, entre les nations, empêchant les malentendus de s'accumuler & permettant aux différends de s'aplanir par des explications mutuelles. Si le fils de quelque individu est votre ami personnel, vous avez moins de chance de vous quereller avec cet individu, car vous avez les moyens indirects de vous mettre en contact avec lui & il a des moyens indirects de se mettre en contact avec vous.

Si vous remplacez le mot « fils » par le mot « ville », vous verrez comment la ville peut être un des facteurs de la paix dans le monde, et la paix dans le monde, sans laquelle la fraternité humaine ne pourra jamais se réaliser, est un évangile qui doit être professé par tous les peuples. (*Applaudissements.*)

Ici, à Paris, au sein de cette Mecque de l'Évangile de la fraternité humaine, je voudrais adresser aux grandes villes & capitales du vieux & du nouveau monde un appel fraternel sans réserve, & indiquer combien, dans mon humble opinion, c'est d'elles & de leur coopération que dépend la question de savoir si l'idée de la fraternité entre les hommes va faire de nos jours un grand pas en avant.

Paris & Londres seuls peuvent faire plus que d'indiquer le chemin; mais je suis aussi convaincu que ni l'une ni l'autre de ces Villes n'ont le monopole des grandes idées de justice & de fraternité & que les autres capitales sont tout aussi désireuses que l'ont été Paris & Londres de retrouver leurs nombreux frères si longtemps ignorés. Je puis leur promettre, si elles veulent seulement s'attacher à la tâche, qu'elles la mèneront à bien.

J'ai déjà tracé dans la presse européenne un projet de congrès de capitales, qui, je l'espère, pourra remplir un double but : mettre en contact les grandes municipalités du monde & créer, incidemment, entre les diverses cités, de nombreux liens de sentiments amicaux & de relations cordiales.

J'ai été grandement encouragé par l'excellent accueil & l'approbation unanime que mon projet a rencontrés dans la presse de mon pays ainsi que par les commentaires très obligeants de la presse continentale & surtout de la presse française. Mais, avant tout, je suis reconnaissant à votre Président, le Docteur Brousse, de l'approbation chaleureuse qu'il a donnée à cette idée de congrès, non seulement dans son discours de ce soir, mais aussi précédemment en d'autres occasions.

Je profiterai de ma visite ici pour envisager avec vous le meilleur moyen de mettre ce projet à exécution. Nous avons déjà prouvé quels enseignements les Villes de Londres & de Paris pouvaient recevoir l'une de l'autre; & pourtant il est bien évident que Londres ne présente pas à l'heure actuelle un système idéal de gouvernement municipal. Si nous lui adjoignons Liverpool, Manchester, Birmingham, Glasgow & quelques autres de nos grandes villes, nous y trouverons un champ plus étendu & plus complet pour l'étude des questions municipales.

Et si, poussant plus loin l'entreprise, on étudie ces mêmes questions telles qu'elles sont envisagées dans les grandes villes & capitales du monde, on arrivera nécessairement à des résultats de plus grande importance encore. (*Très bien!*)

Un des points de ce projet qui paraît avoir trouvé le meilleur accueil a été l'idée d'un échange réciproque d'étudiants. Ceci peut, je crois, se réaliser sans retard, & les avantages qui en découleront auront les effets les plus lointains.

Je crois de toute mon âme qu'une fois notre congrès des capitales dûment établi, les résultats de cette coopération ne se borneront pas à ce que nous voyons aujourd'hui si clairement, mais seront immensément accrus, au delà même de nos prévisions les plus enthousiastes. De même que nous profitons des progrès du passé, de même c'est notre gloire de contribuer au bonheur & à la prospérité des générations futures.

Les critiques glacées des sceptiques ont souvent refroidi & flétri les rêves des optimistes, mais, Messieurs, l'avenir appartient aux optimistes, parce que seuls ils vivent dans l'avenir. (*Assentiment.*)

Je ne suis pas venu prêcher l'amitié municipale au peuple parisien. La nation dont les efforts titaniques ont fait accepter la doctrine de la fraternité humaine au monde entier n'a pas besoin d'être convertie. Mon appel s'adresse à tout l'Univers. Ayant constaté les avantages de l'amitié entre nations, je demande aux autres de se joindre au mouvement. C'est la Cité antique qui a créé le monde ancien : quand la Cité a disparu, la civilisation ancienne a disparu avec elle. C'est aujourd'hui aux villes modernes que je m'adresse comme aux centres de la lumière & de l'intelligence. Elles aussi ont un rôle décisif à jouer dans le monde moderne pour faire de notre civilisation tant vantée une chose réelle & vivante. Elles ont à balayer les masures qui sont la honte de nos rues, à assurer à tous des conditions d'existence qui seules rendent possible une véritable entente sociale, à faire vivre une race forte, saine & énergique, à répandre au dehors les bienfaits de l'éducation &, en fin de compte, à unir en un seul tout harmonieux les races d'hommes que rien n'aurait jamais dû séparer.

C'est à cette fin que nous sommes ici ce soir & notre réunion marquera, je veux le croire, une époque dans l'histoire du monde. Je remercie Paris du noble exemple qu'il nous a donné & je vous remercie, Messieurs, au nom de Londres, de votre hospitalité & votre amitié & de la magnifique réception que vous avez faite aux représentants de Londres. (*Applaudissements répétés.*)

Le discours de Sir Edwin Cornwall, chaleureusement acclamé, étant prononcé en anglais, ne pouvait être compris de tous les assistants; mais une traduction française, distribuée à l'avance aux convives, leur permettait de suivre l'orateur.

Des applaudissements unanimes saluèrent ces trois discours & marquèrent que l'assemblée d'élite formant l'auditoire partageait les sentiments de fraternelle amitié si parfaitement exprimés.

SOIRÉE DANS LES SALONS DE L'HÔTEL DE VILLE.

A la fin du dîner, pendant qu'on transformait la salle des Fêtes en vue du concert qui devait s'y donner, on servit aux hôtes de Paris le café dans la cour du Centre, transformée par M. Bouvard en un charmant jardin d'hiver, admirablement orné de plantes rares & très ingénieusement illuminé par une profusion de lampes électriques multicolores.

La soirée qui eut ensuite lieu dans les salons de l'Hôtel de Ville en l'honneur du Conseil de Comté de Londres était fractionnée en trois parties. Afin d'y pouvoir convier les divers représentants du monde officiel, de la science, des arts, du commerce, de l'industrie & de la population laborieuse, au lieu d'un concert unique, le Bureau avait installé simultanément un concert dans la grande salle des Fêtes, un second concert vocal & instrumental dans les salons des Sciences, des Arts & des Lettres, & une audition orchestrale dans le jardin d'hiver.

Le concert de la grande salle des Fêtes, sous la direction de M. G. Parès, chef de la musique de la Garde républicaine, permit d'applaudir des artistes de l'Opéra, de l'Opéra-Comique, de la Comédie-Française, du Conservatoire national de musique, de la Garde républicaine & de l'association artistique vocale *Euterpe*.

Dans les salons des Sciences, des Arts & des Lettres, se firent entendre divers artistes des scènes parisiennes & des grands concerts. L'orchestre était dirigé par M. E. Bourgeois, de l'Opéra-Comique.

Enfin, sous la direction de M. Victor Charpentier se produisit pour la première fois à l'Hôtel de Ville l'orchestre formé d'artistes & d'amateurs, en vue des grandes auditions données périodiquement au Trocadéro.

Nous reproduisons, d'ailleurs, le programme de cette attrayante soirée.

Environ 4,000 invités assistèrent à cette soirée, qui eut un véritable caractère artistique & termina joyeusement la première journée des fêtes données en l'honneur des hôtes distingués du Conseil municipal & de la population parisienne.

JOURNÉE DU MARDI 6 FÉVRIER.

VISITES DANS PARIS.

VISITE DES HALLES CENTRALES ET DE LA BOURSE DU COMMERCE. — ALLOCUTION DU PRÉSIDENT DE LA CHAMBRE DE COMMERCE. — VISITE DU PALAIS DE JUSTICE ET DE LA PRÉFECTURE DE POLICE. — VISITE DE LA MONNAIE. — DÉJEUNER AU BOIS DE BOULOGNE. — VISITE DE L'HÔPITAL BOUCICAUT. — VISITE DE L'HÔTEL DES INVALIDES. — RÉCEPTION À L'AMBASSADE D'ANGLETERRE. — REPRÉSENTATION DE GALA À L'OPÉRA.

Le programme de ce second jour était particulièrement chargé. Partis à 10 heures du matin du Grand-Hôtel, les landaus officiels, escortés comme la veille par les cavaliers de la Garde républicaine, gagnèrent les Halles centrales par le boulevard, la place de l'Opéra, la rue de la Paix, la place Vendôme, les rues de Castiglione & de Rivoli, le boulevard de Sébastopol & la rue de la Cossonnerie.

VISITES DES HALLES CENTRALES
ET DE LA BOURSE DU COMMERCE.

Un amusant arc de triomphe, formé de fruits, de légumes & de tous les éléments qui font l'objet du commerce de l'alimentation, avait été édifié au commencement de cette rue : c'est là que descendirent les Conseillers anglais, accompagnés de leurs collègues parisiens & de fonctionnaires leur servant de guides & d'interprètes.

Le marché central de Paris avait été fort coquettement décoré dans toute son étendue par les soins des marchands.

LE LANDAU DES PRÉSIDENTS
À LA BOURSE DU COMMERCE

LE LANDAU DES PRÉSIDENTS

À LA BOURSE DU COMMERCE

Les forts ainsi que les membres des diverses corporations des Halles acclamèrent chaleureusement les visiteurs, auxquels de charmantes bouquetières distribuaient libéralement des fleurs.

MM. Marguery, président des syndicats de l'alimentation, & Maurice Quentin, conseiller municipal du quartier, ont souhaité, sous le pavillon central, la bienvenue à Sir Edwin Cornwall & à M. le Docteur Brousse; les déléguées des dames de la Halle offrirent de splendides gerbes de fleurs aux deux Présidents.

Des Halles, le cortège s'est dirigé vers la Bourse du commerce où les deux Présidents, les Vice-Présidents & les membres du bureau des deux Conseils municipaux de Londres & de Paris furent reçus par les membres de la Commission administrative & conduits dans la grande salle du Syndicat général.

M. Lesieur, président de la Chambre de commerce de Paris, entouré de ses collègues du Bureau & des membres de la Chambre de commerce, des membres du Syndicat général & de la Compagnie des courtiers assermentés, attendait la Délégation anglaise que présenta, en quelques mots, M. le Président du Conseil municipal.

ALLOCUTION DU PRÉSIDENT DE LA CHAMBRE DE COMMERCE DE PARIS.

M. Lesieur, après avoir présenté les principaux assistants, au nombre desquels se trouvait M. le Président de la Chambre de commerce britannique de Paris, remercia en ses termes :

Monsieur le Président du Conseil municipal,

C'est une heureuse pensée, dont nous vous sommes très reconnaissants, d'avoir compris une visite à la Bourse de commerce dans le programme déjà si chargé de la réception des membres du « London County Council ». Nous nous félicitons de nous rencontrer avec vos hôtes, les éminents représentants d'une des plus grandes cités commerciales du monde (*Bravo!*), & nous souhaitons vivement que cette visite puisse les intéresser.

MESSIEURS LES CONSEILLERS,

La Chambre de commerce a dans ses attributions l'administration de la Bourse de commerce, & il m'est très agréable, comme président de cette Compagnie, de vous adresser son salut cordial. Je vous souhaite la bienvenue au nom des commerçants parisiens &, plus spécialement, au nom des corporations qui prennent une part directe au fonctionnement de cet établissement & veillent à la stricte exécution des règlements protecteurs de la loyauté des transactions (*Bravo! Applaudissements*) : le Syndicat général & la Compagnie des courtiers assermentés.

Nos réunions de Bourse ont une certaine analogie avec celles du «Baltic» de Londres & du «Produce Exchange» de New-York. Elles centralisent les ordres d'achat & de vente qui arrivent de tous les points du territoire pour les céréales, farines, graines, huiles, sucres, alcools & autres produits du sol. Ces opérations donnent au marché de Paris une ampleur assez grande pour que les négociants puissent y opérer largement leurs arbitrages à longs termes.

C'est dans la salle où j'ai l'honneur de vous adresser la parole que se traitent journellement, entre midi & quatre heures, des affaires considérables & que s'établissent nos cotes officielles, qui sont aussitôt câblées sur les principaux marchés du monde.

Dans le vaste hall que vous venez de traverser se rassemblent nos courtiers, nos armateurs, nos négociants, nos industriels. En communication permanente avec les négociants de votre grand pays, grâce au télégraphe & au téléphone, ils sont les actifs agents de cette solidarité d'intérêts qui contribue à influencer si favorablement les rapports de mutuelle estime… (*Très bien! Applaudissements*) & d'amitié entre nos nations, rapports qui deviendront plus étroits le jour où nous serons reliés par un tunnel sous la Manche. (*Vifs applaudissements.*)

Vous disposez malheureusement de trop peu de temps, Messieurs, pour que je puisse entrer dans le détail des chiffres qui vous montreraient l'importance de nos transactions, pour que je puisse songer aussi à vous faire parcourir nos locaux, nos sous-sols, où sont installés les laboratoires d'analyse, les fours où l'on fabrique quotidiennement du pain pour le classement des farines à admettre sur le marché.

Du moins, permettez-moi de vous exprimer les chaleureux remerciements de nos commerçants, qui sont grandement honorés de votre aimable visite.

De cette rencontre, dont nous conserverons précieusement le souvenir, se dégageront des sympathies plus vives qui cimenteront l'union étroite de nos deux pays. (*Vifs applaudissements.*)

Sir Edwin Cornwall, président du «London County Council», a répondu en déclarant, au nom de ses collègues, combien il avait été heureux, après l'entente cordiale des deux peuples anglais & français, de voir s'établir une entente particulièrement amicale entre les Municipalités des deux Capitales. Le «London County Council» a fait tous ses efforts pour la favoriser & conserve un bien agréable souvenir de la visite des Conseillers municipaux parisiens. Il est fier de venir à son tour représenter la Ville de Londres, pour répondre à l'invitation de la Municipalité parisienne. L'entente est complète aujourd'hui &, si l'on regarde du côté des hommes d'affaires, on la voit s'étayer de considérations qui auront une grande influence sur sa stabilité. Paris & Londres comptent à eux seuls plus de neuf millions d'habitants & représentent une activité considérable. Leur action bienfaisante ne peut se développer & produire ses fruits que si elle est assurée d'une ère de paix. C'est cette pensée qui domine les électeurs & les élus aussi bien de la Municipalité que des Chambres de commerce des deux pays, & leurs sentiments, d'accord avec leurs intérêts, seront assez forts pour être pris en considération.

Sir Edwin Cornwall remercie ensuite la Chambre de commerce de Paris & ses ressortissants, qui ont eu leur part dans l'orientation nouvelle de l'opinion, de l'accueil si cordial qu'elle veut bien faire aux Délégués du « London County Council ». Il ajoute, en terminant, que, si quelques-uns ont pu n'apercevoir dans les manifestations qui ont lieu que les signes de la joie extérieure, joie bien naturelle chez des amis qui se rencontrent, ces fêtes — Sir Edwin Cornwall & ses collègues en ont la conviction — auront des conséquences que l'avenir démontrera très heureuses. Il ne doute pas qu'elles n'aient une influence durable en faveur de la paix & du bien-être des deux pays.

Cette allocution fut saluée par les applaudissements de tous les assistants, puis les visiteurs anglais furent reconduits jusqu'à leurs voitures.

VISITE DU PALAIS DE JUSTICE.
LA PRÉFECTURE DE POLICE.

Par la rue du Louvre, la place Saint-Germain-l'Auxerrois, le quai de la Mégisserie, le pont au Change & le boulevard du Palais, le cortège arrive ensuite au Palais de Justice dont la grille d'honneur est ouverte.

Sur le grand escalier de la cour de Mai, les gardes du Palais sont rangés en double file; en haut des marches se tiennent : MM. Forichon, premier président; Laurent, secrétaire général de la Préfecture de Police; Defrance, directeur des Affaires départementales à la Préfecture de la Seine, & Jacques Chaumié, fils du Ministre de la Justice.

Les compliments échangés, les membres du Conseil de Comté ayant à leur tête Sir Edwin Cornwall, MM. Paul Brousse, Evan Spicer & Probyn, traversent la salle des Pas-Perdus, puis, par l'escalier en colimaçon qui conduit à la Conciergerie, descendent dans les salles basses, la salle des gardes de Philippe le Bel & les cuisines de saint Louis, où sont conservés de curieux vestiges du vieux palais. Ils visitent ensuite la merveille architecturale qu'est la Sainte-Chapelle, manifestant leur admiration pour ce joyau de l'art gothique.

Pressés par le temps, ils ne peuvent s'arrêter à la Préfecture de Police & doivent se borner à saluer au passage M. Lépine, préfet de Police, qui a fait rendre les honneurs devant son hôtel par des détachements de tous les corps placés sous son autorité : gardiens de la paix, agents bicyclistes, gendarmes, gardes municipaux à pied & sapeurs-pompiers. Ces derniers sont groupés sur une pompe à vapeur sous pression & sur d'immenses échelles de secours dressées sur la façade du monument.

VISITE DE LA MONNAIE.

La longue file des landaus repart par les ponts & le quai Conti pour s'arrêter à la Monnaie : les visiteurs sont reçus par le Directeur, M. Arnauné, qui les conduit à la salle de fabrication où ils voient frapper une médaille commémorative destinée à leur être offerte par la Ville de Paris.

Le temps a marché si rapidement qu'il ne leur reste pas un

moment pour jeter un coup d'œil sur les richesses artistiques du Petit-Palais. Par les quais, après avoir traversé le pont Alexandre-III, on gagne, en suivant les Champs-Élysées & l'avenue du Bois, le Jardin d'acclimatation où un déjeuner était préparé dans la curieuse serre dite *du Palmarium*.

Ce déjeuner fut tout à fait intime. Aucun discours n'y a été prononcé; mais les convives s'y sont entretenus gaiement en portant mutuellement leurs santés.

L'heure presse & ne permet de visiter ni le Fleuriste municipal à la porte d'Auteuil, ni l'Usine de pavage en bois de la rue des Cévennes.

On visite à 3 heures & demie l'Hôpital général, édifié à l'aide du legs Boucicaut, puis on gagne, par la rue de la Convention, l'avenue Félix-Faure, la rue du Commerce, la rue Frémicourt, la place Cambronne, l'avenue Lowendal, la place de Fontenoy, l'avenue de Tourville & la place Vauban, l'Hôtel des Invalides où M. le Capitaine adjudant-major Mery fait les honneurs du tombeau de Napoléon Ier.

Le cortège revient ensuite au Grand-Hôtel en passant par l'esplanade des Invalides, le pont Alexandre-III, le cours la Reine, la place de la Concorde, la rue Royale & les grands boulevards.

RÉCEPTION À L'AMBASSADE D'ANGLETERRE.

Après un moment de repos, les voitures officielles, toujours escortées par les cavaliers de la Garde républicaine, conduisent les membres du Conseil de Comté & leurs collègues parisiens à l'Ambassade où S. Exc. Sir Francis Bertie leur offre une réception artistique & un lunch.

LES DEUX PRÉSIDENTS
SIR EDWIN CORNWALL, M. LE Dr PAUL BROUSSE
ET M. AD. SMITH
AU BUFFET DE LA GARE DE LYON

VISITE À L'HÔPITAL BOUCICAUT

LES DEUX PRÉSIDENTS
SIR EDWIN CORNWALL, M. LE Dʳ PAUL BROUSSE
ET M. AD. SMITH
AU BUFFET DE LA GARE DE LYON

VISITE À L'HÔPITAL BOUCICAUT

Imp. Ch. Wittmann

REPRÉSENTATION
DE
GALA
DU
Mardi 6 Février

STALLE
D'ORCHESTRE
N° 150

La Municipalité de Paris

prie ....

d'assister à la représentation de Gala qui sera donnée au Théâtre National de l'Opéra, le Mardi 6 Février, à 8 heures 1/2 en l'honneur du

London County Council

UNE PLACE

STALLE D'ORCHESTRE N° 150

En Uniforme
ou Insignes

Carte personnelle à remettre en entrant.

M. le Président du Conseil municipal de Paris & la plupart de ses collègues, MM. de Selves & Lépine, ainsi que M. Barbier, président du Conseil général de la Seine, & plusieurs notabilités parisiennes, assistaient à cette réception des plus élégantes & au cours de laquelle Sir Francis Bertie & lady Bertie déployèrent une amabilité charmante.

REPRÉSENTATION DE GALA À L'OPÉRA.

A 9 heures & demie eut lieu une représentation de gala organisée à l'Opéra par la Municipalité de Paris en l'honneur du « County Council ». Le programme en est ci-contre exactement reproduit.

Au pied du grand escalier, des commissaires remettaient à chaque invité un programme illustré d'après une aquarelle de Maurice Leloir & à chaque dame un bouquet de fleurs choisies.

La salle avait été décorée de guirlandes de clématites, de roses & de glycines supportant des groupes de lampes électriques de diverses couleurs, & une spacieuse loge d'honneur avait été formée au centre de l'amphithéâtre.

Quand M. le Docteur Paul Brousse vint y prendre place, les membres du Conseil de Comté se levèrent, applaudirent le Président du Conseil municipal de Paris & lui firent une chaleureuse ovation.

Le Président de la République était représenté par le Général Dubois & par M. Combarieu, secrétaires généraux de la Présidence. Presque toutes les ambassades étaient présentes ou représentées.

Les membres du Gouvernement assistaient également à cette représentation extraordinaire à laquelle avaient été invités : le Bureau du Sénat & les Sénateurs de la Seine, le Bureau de la Chambre & les Députés de la Seine; les Chefs de cabinet des Ministres, le Gouverneur militaire de Paris, le Grand Chancelier de la Légion d'honneur, le Général commandant la place de Paris & les Généraux exerçant un commandement dans la Seine; les Vice-Amiraux présidents des comités techniques de la Marine; les Officiers supérieurs de la garnison de Paris; les Présidents des grands corps de l'État : Conseil d'État, Cour des comptes, Cour de cassation, Cour d'appel & Tribunal, le Conseil de l'Ordre des avocats & des divers corps judiciaires de Paris, le Vice-Recteur de l'Académie de Paris, les Doyens des Facultés de l'Université, le Bureau des cinq Académies, les Présidents des grandes Sociétés artistiques, scientifiques, littéraires & sportives, les Gouverneurs de la Banque de France & du Crédit Foncier, le Syndic des agents de change, le Président de la Chambre de commerce, les Directeurs des grands établissements de crédit, les Directeurs des grandes écoles : Collège de France, Polytechnique, Normale, Saint-Cyr, Centrale, des Mines, des Ponts & Chaussées, des Beaux-Arts, du Conservatoire des arts & métiers; les deux Préfets & leurs chefs de service, les Présidents des grandes associations parisiennes du commerce & de l'industrie & des principaux syndicats de patrons, d'ouvriers & d'employés; enfin les collaborateurs du Conseil municipal de Paris.

La représentation a commencé par l'exécution des deux chants nationaux, chaleureusement acclamés.

Le programme comprenait le premier & le troisième acte de *Samson & Dalila,* de Saint-Saëns, chantés par MM. Alvarez,

DÉJEUNER AU BOIS DE BOULOGNE

LA TABLE D'HONNEUR

DÉJEUNER AU BOIS DE BOULOGNE

LA TACHE D'ENCRE

Noté & Mlle Margyl, & l'acte où se place le ballet du *Cid,* de Massenet, chanté par MM. Alvarez, Gresse & Riddez & par Mmes Merentié & Dibel. Mlle Zambelli était la principale interprète du ballet, où elle se montra fort gracieuse.

Cette représentation a pleinement réussi & l'orchestre de notre Académie nationale de musique ainsi que les chanteurs ont été fort justement applaudis, car ils avaient rivalisé de talent pour couronner dignement cette deuxième journée.

JOURNÉE DU MERCREDI 7 FÉVRIER.

PROMENADE À SÈVRES ET À VERSAILLES. — RÉCEPTION PAR M. LE PRÉSIDENT DE LA RÉPUBLIQUE À L'ÉLYSÉE ET PAR M. LE PRÉSIDENT DU CONSEIL AU MINISTÈRE DES AFFAIRES ÉTRANGÈRES.

Le départ du Grand-Hôtel eut lieu vers 9 h. 45 du matin; mais le soleil, qui, s'il avait favorisé cette excursion, en eût fait un épisode charmant & délicieux, avait été malheureusement remplacé par un temps brumeux & gris.

Une dizaine de coupés électriques, dans lesquels les représentants de la presse avaient pris place, s'étaient joints aux landaus officiels, toujours accompagnés d'une escorte d'honneur.

VISITE DE LA MANUFACTURE NATIONALE DE SÈVRES.

Le cortège arriva vers 11 heures à la Manufacture nationale de porcelaine de Sèvres, où, à leur descente de voiture, les visiteurs furent salués par les sympathiques acclamations des curieux massés devant la grille du monument.

A la porte du célèbre musée de céramique de la Manufacture, les membres du Conseil de Comté furent reçus par le Directeur, M. Baumgart, entouré de ses principaux collaborateurs. Après un rapide coup d'œil aux collections, les hôtes de Paris visitèrent, sous la conduite de M. Baudin, chef de fabrication, les ateliers de céramique, de décoration & les fours de cuisson.

RÉCEPTION PAR LA MUNICIPALITÉ DE VERSAILLES.

Vers midi, ils remontaient en voiture pour gagner Versailles où ils arrivèrent à midi 45 à l'Hôtel de Ville, décoré avec beaucoup de goût aux couleurs anglaises & françaises.

Dans le vestibule, se tenaient aux côtés du Maire, M. Baillet-Reviron : M. Frize, secrétaire général de la Préfecture de Seine-&-Oise, remplaçant M. Poirson, préfet, empêché; MM. Dumont, Simon & Charpentier, adjoints au Maire; les Généraux Prevost & Dupommier & les Officiers supérieurs de la garnison; les Conseillers municipaux de Versailles; M. Folain, représentant le Conseil général de Seine-&-Oise; les autorités locales & les délégués des divers syndicats versaillais.

M. Paul Brousse présenta Sir Edwin Cornwall & ses collègues à la Municipalité de Versailles pendant que la musique du 1er régiment du génie jouait le *God save the King* & la *Marseillaise*.

Un lunch avait été préparé dans la jolie salle des Fêtes, où M. le Maire de Versailles prononça le discours suivant :

Messieurs,

C'est avec un sentiment de cordiale sympathie que le Maire de Versailles souhaite la bienvenue, au nom de la Municipalité & des habitants, aux Représentants de Londres. Cette sympathie, Messieurs, vous en trouverez maintenant un témoignage dans l'assistance qui nous entoure & qui a tenu à venir se grouper autour de la Municipalité pour vous faire un chaleureux accueil.

Les sentiments de sympathie de la population de Versailles pour le peuple anglais ne datent pas d'hier; ils sont antérieurs à l'entente cordiale & l'ont depuis longtemps précédée. Ils sont nés, Messieurs, de nos relations avec la colonie anglaise, souvent renouvelée, toujours nombreuse, qui se plaît à Versailles & qui, pour consacrer en quelque sorte son séjour, y entretient à ses frais, depuis longtemps, une église particulière.

Peut-être ces bonnes relations ont-elles contribué dans une certaine mesure, j'aime à le croire, au rapprochement des deux peuples, que des préventions injustes, mais habilement entretenues, avaient trop longtemps éloignés l'un de l'autre.

Après avoir salué nos collègues étrangers, il me reste encore à saluer M. le Président du Conseil municipal de Paris & les membres de cette Assemblée. Je ne saurais les remercier trop vivement de nous avoir procuré le grand honneur de recevoir dans la même journée les représentants des deux grandes capitales de l'Europe, je pourrais dire du monde...

Laissez-moi confondre dans un même toast Paris & Londres!

Cette allocution de M. Baillet-Reviron fut vivement applaudie, & Sir Edwin Cornwall, en remerciant la Municipalité de Versailles de sa cordiale réception, ajouta que les quatre millions d'habitants de Londres sauraient apprécier la courtoisie des Versaillais.

MM. Paul Brousse & Léon Barbier exprimèrent ensuite en quelques mots la gratitude du Conseil municipal de Paris & celle du Conseil général du département de la Seine pour l'accueil de la ville de Versailles, & l'on vida une ou deux coupes de champagne pendant que la musique renommée du 1er régiment du génie faisait entendre les meilleurs morceaux de son répertoire.

DÉJEUNER À L'HÔTEL DES RÉSERVOIRS.

ADRESSE AU PRÉSIDENT DE LA RÉPUBLIQUE.

Le déjeuner, servi dans la grande salle à manger de l'hôtel des Réservoirs, fut des plus cordiaux; aucun discours n'y fut prononcé, mais, au moment du départ pour le château, les deux Présidents, Sir Edwin Cornwall & M. le Docteur Paul Brousse, envoyèrent l'adresse télégraphique suivante à M. Loubet, président de la République, au palais de l'Élysée :

Les deux Conseils municipaux de Londres & de Paris, réunis à Versailles & évoquant le souvenir de la ville historique de Windsor, prient Monsieur le Président de la République d'agréer l'hommage de leurs sentiments profondément respectueux & dévoués.

CORNWALL. BROUSSE.

VISITE DU PALAIS DE VERSAILLES.

Les membres du Conseil de Comté, accompagnés de leurs collègues de Paris & du Maire & des Adjoints de Versailles, furent reçus au château par M. de Nolhac, conservateur, qui leur fit visiter les salles principales & le musée des peintures historiques.

RÉCEPTION À L'ÉLYSÉE
PAR LE PRÉSIDENT DE LA RÉPUBLIQUE.

ALLOCUTION DE M. LOUBET.

Le temps brumeux ôta beaucoup de son intérêt à la promenade du retour à Paris, où la réception à l'Élysée par le Président de la République eut lieu à 5 heures & demie.

La réception du Conseil de Comté de Londres par M. Loubet offrait en elle-même un grand intérêt; mais elle en tirait un tout spécial de ce fait que c'était la dernière cérémonie de ce genre à laquelle prenait part le Président avant de quitter ses hautes fonctions.

Le cortège officiel, escorté, partit du Grand-Hôtel & arriva à l'Élysée à 5 h. 25.

Les membres du Conseil de Comté & les Conseillers municipaux de Paris furent conduits dans le Salon blanc par les huissiers de la Présidence. Ils se groupèrent autour de leurs Présidents, Sir Edwin Cornwall & M. Paul Brousse, ayant à leurs côtés les Vice-Présidents des deux assemblées : MM. Evan Spicer & le Lieutenant-Colonel Probyn; MM. Rebeillard & Henri Rousselle.

On annonça le Président de la République : M. Émile Loubet, suivi des deux Secrétaires généraux de l'Élysée & des membres de sa maison militaire, & accompagné de S. Exc. Sir Francis Bertie, ambassadeur d'Angleterre, vint presser la main de Sir Edwin Cornwall & celle de M. le Docteur Brousse.

Il se fit ensuite présenter les Vice-Présidents & les anciens Présidents du Conseil de Comté, auxquels il serra la main, puis il adressa à ses visiteurs l'allocution suivante :

MONSIEUR LE PRÉSIDENT DU CONSEIL DE COMTÉ,

MESSIEURS,

Je suis très heureux de recevoir ici les Représentants de la grande cité de Londres & je me réjouis de l'accueil qui leur a été fait par la population parisienne. Il est tel que nous l'avions souhaité après la réception inoubliable des Conseillers municipaux de Paris dans votre pays.

Il y a sept ans, la première visite que j'ai reçue à l'Élysée fut celle de S. A. R. le Prince de Galles. De la conversation que nous cûmes alors & qui est restée bien présente à mon souvenir, je ne veux rappeler que les vœux que Son Altesse Royale formait en me quittant pour que les rapports entre nos deux nations devinssent de plus en plus étroits.

Durant les sept années que je viens de passer à la Présidence de la République, comme avant d'ailleurs, je n'ai jamais eu d'autre dessein que celui de travailler de toutes mes forces à établir entre la **Grande-Bretagne** & la **France** cette harmonie que je vois régner aujourd'hui pour le plus grand profit des deux peuples & aussi pour le plus grand bien de l'humanité.

Nos deux pays ne sont-ils pas les meilleurs apôtres, les propagateurs les plus obstinés des idées de paix, de concorde, de civilisation & de progrès!

Votre visite à Paris ainsi que celles qui ont précédé la vôtre témoignent quel chemin ces idées ont fait dans le monde, malgré les obstacles suscités par les uns & l'inertie opposée par les autres.

Je vous remercie d'avoir collaboré à cette œuvre & je tiens à dire tout le concours que nous avons trouvé auprès de votre Représentant à Paris, Sir Edmund Monson, &, depuis sa retraite, quel appui nous a donné Sir Francis Bertie, le très distingué ambassadeur de la Grande-Bretagne.

Il n'est pas ici seulement le représentant de la grande nation amie, il est devenu l'ami de Paris & de la France entière.

Cette allocution improvisée, prononcée avec une grande netteté, fit sur tous les assistants une profonde impression.

Sir Edwin Cornwall répondit en remerciant M. Émile Loubet d'avoir bien voulu réserver cette réception aux Délégués du Conseil de Comté de Londres. Il rappela combien le Président de la République a puissamment contribué à l'établissement de l'entente cordiale & il déclara que tous ses compatriotes professaient pour lui une très vive affection & une sincère reconnaissance.

Nous sommes simplement, a ajouté ensuite le Président du Conseil de Comté, les membres d'un corps municipal & nous n'avons pas la prétention de nous immiscer dans les choses de la politique qui concernent seulement les représentants aux parlements ou les membres des gouvernements. Mais nous demandons qu'on nous permette de collaborer à la grande œuvre que vous avez entreprise.

Nous considérons comme un événement heureux le fait qu'arrivé au terme de votre haute magistrature, vous ayez une fois encore cette occasion de vous identifier à la cause de l'entente cordiale.

Rappelant ensuite la visite des conseillers parisiens à Londres, au mois d'octobre 1905, Sir Edwin Cornwall a déclaré que toute la population de Londres avait été heureuse de manifester alors la sincérité de ses sentiments amicaux à l'égard de la France.

Nous avons, dit-il en terminant, tout fait pour rendre le séjour de notre Cité aussi agréable que possible à vos représentants. Mais nous devons reconnaître que l'accueil qui nous a été fait à Paris a dépassé de beaucoup notre attente.

Nous sommes venus vers vous, Monsieur le Président, & vers vos compatriotes, comme des messagers de paix, & nous nous réjouissons grandement si notre visite contribue à assurer une paix durable entre les nations.

TOAST DU PRÉSIDENT DE LA RÉPUBLIQUE.

Sir Francis Bertie & les visiteurs se rendirent ensuite dans un salon voisin avec M. Émile Loubet; un buffet y avait été préparé. Prenant un verre de vin de Champagne, le Président de la République a porté le toast suivant :

Messieurs,

Dans notre pays de France, nous avons l'habitude de porter la santé du chef de l'État. C'est avec une joie profonde que je veux porter un toast à Sa Majesté le Roi Édouard VII.

Je le fais avec d'autant plus de plaisir que votre Président a rappelé, dans une de ses allocutions, quel concours votre Souverain a donné à la réalisation d'un vœu universel.

J'ajoute que des souvenirs très anciens me rendent encore plus douce l'obligation de porter un toast loyal au Roi d'Angleterre.

Je porte un toast à Sa Majesté le Roi, à Sa Majesté la Reine, à toute la famille royale, à leur bonheur, à leur prospérité & à la grandeur de votre patrie.

Les assistants ont levé leurs verres & bu à la santé du Roi, puis l'Ambassadeur a répondu par les paroles suivantes à M. Loubet :

Monsieur le Président,

J'ai l'honneur de vous remercier, au nom de mon Roi, du toast que vous venez de porter, & je suis l'interprète des sentiments de tous mes compatriotes en leur demandant de porter la santé de Monsieur le Président de la République.

M. Émile Loubet s'est ensuite aimablement entretenu avec la plupart des membres du Conseil de Comté & avec les Conseillers municipaux de Paris; les visiteurs n'ont quitté le Palais de l'Élysée qu'un peu avant 7 heures, charmés de l'affabilité du Président & touchés de l'accueil si sympathique que venait de leur faire le Chef de l'État.

RÉCEPTION PAR M. ROUVIER
AU MINISTÈRE DES AFFAIRES ÉTRANGÈRES.

De l'Élysée les Hôtes de Paris furent conduits au Ministère des Affaires étrangères, où ils furent reçus par M. Rouvier, président du Conseil des Ministres & titulaire du portefeuille des Affaires étrangères. Ils ont été reçus dans le salon de l'Horloge.

En serrant amicalement la main de Sir Edwin Cornwall, que lui présenta S. Exc. l'Ambassadeur d'Angleterre, M. Rouvier lui dit en anglais : « Je suis très content de vous voir à Paris. »

Puis il ajouta en français quelques paroles pour indiquer les heureuses conséquences que, selon lui, doivent avoir pour les deux nations & pour le maintien de la paix du monde l'entente cordiale & ces amicales visites en France des corps élus anglais.

A l'issue de cette réception, les Conseillers parisiens reconduisirent leurs Hôtes du Conseil de Comté au Grand-Hôtel.

BAL À L'HÔTEL DE VILLE.

Le soir, un grand bal était donné en leur honneur dans les salons de l'Hôtel de Ville, à 10 heures. Plus de douze mille invités, parmi lesquels de nombreux représentants de la colonie anglaise de Paris, emplissaient les salles de fêtes du Palais municipal.

M. Paul Brousse, assisté de M. de Selves & de ses collègues du Bureau du Conseil municipal, recevait les invités à l'entrée du salon Puvis de Chavannes, en haut du grand escalier d'honneur, où les gardes municipaux en grande tenue formaient la haie.

Sir Edwin Cornwall & ses collègues du Conseil de Comté vinrent en corps, vers 11 heures. Ils furent, en entrant dans les salons, l'objet d'une ovation spontanée, indescriptible, de la part de la foule des invités de la Municipalité de Paris. Ces chaleureuses acclamations accompagnèrent les Délégués anglais au cours de leur promenade dans la salle des Fêtes & dans le salon des Arcades, et produisirent sur eux la plus vive impression.

Un très artistique concert instrumental a été donné par l'orchestre de M. Lefort dans la cour Louis-XIV, transformée en jardin d'hiver.

Cette soirée fut des plus animées, & les Hôtes de Paris ne quittèrent l'Hôtel de Ville qu'assez tard, après être allés saluer le Président du Conseil municipal dans son cabinet.

JOURNÉE DU JEUDI 8 FÉVRIER.

VISITE DE L'ÉCOLE PROFESSIONNELLE ET MÉNAGÈRE JACQUARD. — VISITE DU MARCHÉ AUX BESTIAUX ET DES ABATTOIRS DE LA VILLETTE. — TRAVERSÉE DE PARIS. — DÉJEUNER AU BUFFET DE LA GARE DE LYON. — AU MUSÉUM. — À LA MANUFACTURE NATIONALE DES GOBELINS. — VISITE À L'ASILE CLINIQUE SAINTE-ANNE. — VISITE AU PANTHÉON. — RÉCEPTION À LA SORBONNE. — ALLOCUTION DE M. LIARD. — SOIRÉE AU MINISTÈRE DE L'INTÉRIEUR.

VISITE DE L'ÉCOLE PROFESSIONNELLE ET MÉNAGÈRE JACQUARD.

Le départ du Grand-Hôtel eut lieu le matin à 10 heures. Par le boulevard Haussmann, la rue Lafayette & la rue d'Allemagne, le cortège habituel des landaus, avec son escorte, gagna la rue Bouret où, à 10 h. 40, les invités du Conseil municipal de Paris furent reçus à l'École professionnelle & ménagère Jacquard : par M. Grébauval, président du Comité de surveillance; M. Bedorez, directeur de l'Enseignement à la Préfecture de la Seine, & Mme Carles, directrice de cet intéressant établissement scolaire. On parcourut les classes de couture, de modes, de broderie, de fleurs artificielles, toutes en pleine activité, & le spectacle de 300 enfants & jeunes filles, appliquées à leur tâche habituelle, intéressa beaucoup les visiteurs anglais.

En sortant, une des élèves remit, au nom de ses compagnes, un ravissant bouquet de fleurs d'hortensias artistement fabriquées à l'école pour le Président du « County Council ».

RÉCEPTION

AU PALAIS DE JUSTICE

VISITE

DU MARCHÉ AUX BESTIAUX DE LA VILLETTE

RÉCEPTION
AU PALAIS DE JUSTICE

VISITE
DU MARCHÉ AUX BESTIAUX DE LA VILLETTE

Imp. Ch. Wittmann

VISITE DU MARCHÉ ET DES ABATTOIRS DE LA VILLETTE.

Après avoir traversé le parc des Buttes-Chaumont, passé devant la mairie du xixe arrondissement & suivi l'avenue de Laumière, on reprit la rue d'Allemagne pour arriver à 11 heures un quart aux marchés & abattoirs de la Villette. Dès qu'apparaît la première voiture contenant MM. Paul Brousse & Sir Edwin Cornwall, les acclamations, les hourras & les cris de bienvenue ne cessent plus.

Les musiques des corporations jouent, & M. Surugue, président honoraire des commissionnaires en bestiaux, souhaite la bienvenue aux Conseillers anglais; puis les élus des quartiers avoisinant le marché aux bestiaux & les abattoirs, MM. A. Rozier & Lajarrige, présentent les délégués des diverses corporations de patrons ou d'ouvriers.

L'ensemble est pittoresque & est éclairé pendant un moment d'un rayon de soleil qui donne à cette foule un intéressant caractère de vie intense.

Après avoir accepté un bouquet & une plaquette commémorative que lui remet une charmante jeune fille au nom du Syndicat des bouchers, Sir Edwin Cornwall exprime ses remerciements pour l'accueil fait à ses compatriotes & déclare que cette visite des établissements municipaux est, à leur point de vue, des plus importantes, Londres ne possédant encore rien de semblable.

«L'initiative de Paris sera, dit-il, de la plus grande utilité pour le développement du progrès & de la santé publique de Londres.»

Les ouvriers municipaux des abattoirs viennent offrir une plaquette d'argent à Sir Edwin Cornwall, qui les remercie en disant : « Nous avons beaucoup d'ouvriers municipaux à Londres. Ils seront heureux de savoir que vous les associez dans votre pensée à ces fêtes brillantes. »

Le cortège traverse ensuite les abattoirs & s'arrête près de la grille qui donne sur la rue de Flandre où, sous une tente pavoisée, a été dressé un buffet; l'Harmonie du xixe, qui y est installée, joue les airs nationaux des deux nations.

Un boucher, M. Moreau, lit en anglais une adresse de bienvenue, saluée par les hourras de tous les Conseillers anglais. Après avoir vidé quelques coupes de champagne, on traverse rapidement Paris pour aller déjeuner au buffet de la gare de Lyon.

Une foule compacte, massée à cet endroit, fit à nos Hôtes un accueil très chaleureux.

Ce déjeuner ne le céda pas aux précédents en cordialité ni en gaieté. Au dessert, M. le Docteur Paul Brousse, souffrant de la gorge, pria M. Rebeillard, vice-président, de lire la dépêche envoyée au cours de la matinée par le Secrétaire de la Présidence de la République, en réponse à l'adresse expédiée la veille de Versailles par Sir Edwin Cornwall & par lui-même à M. le Président de la République.

Cette dépêche est ainsi conçue :

MONSIEUR LE PRÉSIDENT,

Le Président de la République me charge de vous dire que les souvenirs que vous avez évoqués lui sont particulièrement agréables & il adresse aux représentants des deux Conseils municipaux, réunis dans un commun sentiment de sympathie & d'entente cordiale, l'expression de ses sentiments les meilleurs.

Signé : COMBARIEU,
secrétaire général.

Traduite en anglais aux Hôtes de Paris, cette communication est vigoureusement applaudie.

On avait projeté une intéressante visite aux travaux en cours de la ligne du chemin de fer métropolitain électrique qui franchit la Seine en viaduc près du pont d'Austerlitz & qui passe ensuite au-dessus des voies de la Compagnie des chemins de fer d'Orléans, mais le temps manqua & on dut se rendre directement au Muséum d'histoire naturelle, en traversant le Jardin des plantes.

VISITE AU MUSÉUM ET À LA MANUFACTURE NATIONALE DE TAPISSERIES DES GOBELINS.

Le Directeur du Muséum, M. Perrier, reçoit gracieusement les membres des deux Conseils municipaux & leur souhaite la bienvenue. Il les guide à travers la salle des mammifères, le musée des vertébrés & la belle section des oiseaux, en donnant quelques détails sur l'organisation & le fonctionnement du Muséum d'histoire naturelle.

Cette visite rapide intéresse beaucoup, mais le temps presse & l'on se rend aussi vite que possible à la Manufacture nationale de tapisseries des Gobelins.

Les visiteurs y sont reçus par M. Guiffrey, directeur de la Manufacture, & par M. Expert-Besançon, sénateur & maire de l'arrondissement.

Dans une des salles où sont exposés les spécimens les plus remarquables de tapisseries anciennes, on signale un panneau récemment restauré & qui appartient à un musée anglais. On passe ensuite dans les ateliers où l'on admire sur les métiers, en cours d'exécution, diverses œuvres importantes entreprises par les artistes.

VISITE DE L'ASILE SAINTE-ANNE ET DU PANTHÉON.

Il était près de 5 heures quand le cortège arriva à l'Asile clinique Sainte-Anne, où les attendaient : MM. Barbier, président du Conseil général de la Seine; Defrance, directeur des Affaires départementales à la Préfecture de la Seine; le Docteur Magnan, médecin en chef de l'asile; les Chefs de service & le Professeur Picqué, qui dirige le service de chirurgie; Guillot, directeur de l'asile.

Sir Edwin Cornwall a dit à M. le Docteur Magnan qu'il était heureux de cette occasion le mettant en présence du professeur & ancien maître du Docteur Brousse, parce qu'elle lui permettait de remercier le maître d'avoir inculqué à son disciple les bonnes qualités que ses collègues & lui apprécient dans le Président du Conseil municipal de Paris.

On se hâte vers le Panthéon afin de profiter des derniers rayons du jour; malheureusement on n'y peut faire qu'un trop court arrêt. Les Conseillers anglais admirent beaucoup la décoration picturale du monument & ses harmonieuses proportions; mais le temps fait défaut pour leur montrer les tombeaux des grands hommes auxquels la France a fait les honneurs d'une sépulture dans le temple de ses gloires.

RÉCEPTION À LA SORBONNE.

ALLOCUTION DE M. LIARD,

VICE-RECTEUR DE L'UNIVERSITÉ DE PARIS.

Le cortège arrive enfin, à la nuit, à la Sorbonne : les Invités de Paris sont reçus dans la salle d'honneur par M. Liard, vice-recteur de l'Académie de Paris[1].

Dans une improvisation des mieux inspirées, M. Liard, après avoir rappelé la part que la Ville a cru devoir prendre à la reconstruction & à l'agrandissement de la Sorbonne, & évoqué le souvenir des vieilles « nations » de l'ancienne Université de Paris, au nombre desquelles se distinguaient « les Anglais » dont le Collège a donné son nom à une vieille rue du quartier Latin, a exprimé le regret de voir s'amoindrir le nombre des étudiants d'Outre-Manche qui fréquentent l'Université de Paris.

Il s'est demandé pourquoi, à l'entente municipale, ne se joindrait pas une entente universitaire, bien faite pour permettre aux étudiants anglais & français, en se connaissant davantage, de se mieux apprécier, & il a émis le vœu que la jeune & vivante Université de Londres établisse des rapports suivis avec la vieille & toujours active Université de Paris.

Sir Edwin Cornwall, dont l'allocution fut ensuite traduite en français par M. Ad. Smith, répondit en déclarant que le Conseil de Comté de Londres mettait au premier rang de ses

---

[1] Les Universités de province en France ont à leur tête un recteur. A Paris, c'est le Ministre de l'Instruction publique qui a cette fonction, & le chef de l'Université n'a que le titre de vice-recteur.

préoccupations les questions relatives à l'enseignement & à l'éducation, & que ses Collègues & lui ne manqueraient pas de s'inspirer des éloquentes paroles du chef estimé de l'Université de Paris.

« Après l'entente municipale & l'entente commerciale, voici, a-t-il dit en terminant, l'entente universitaire, & nous nous emploierons de tout cœur à la faire réussir. »

Ces deux allocutions furent beaucoup applaudies.

Après avoir jeté un coup d'œil dans les salles principales de la Sorbonne, le grand amphithéâtre & la bibliothèque, les Conseillers municipaux anglais regagnèrent le Grand-Hôtel, pendant que Sir Edwin Cornwall allait présenter ses hommages à la femme du Président du Conseil municipal.

RÉCEPTION AU MINISTÈRE DE L'INTÉRIEUR.

Le soir, dans les salons de l'hôtel de la place Beauveau, le Ministre de l'Intérieur & Mme Dubief offraient aux membres du Conseil de Comté de Londres une grande soirée.

Cette fête, à laquelle étaient conviés de nombreux personnages, fut exceptionnellement brillante. Elle commença par une représentation artistique donnée avec le concours des principaux artistes des théâtres parisiens dans la salle des fêtes de l'hôtel de la place Beauveau, où est installé le Ministère de l'Intérieur.

Parmi les invités, on remarquait presque tous les Chefs des ambassades & les membres du Corps diplomatique, le Président du Conseil des Ministres & les membres du Cabinet, de nombreux Sénateurs, Députés, Conseillers généraux du département de la Seine & Conseillers municipaux de Paris, plusieurs

Généraux & des Officiers supérieurs de toutes armes, des personnalités artistiques, scientifiques & littéraires, & l'élite du monde des affaires.

Cette très nombreuse assistance fit l'accueil le plus distingué aux Hôtes de Paris.

Au buffet, disposé dans la grande salle à manger, des toasts, empreints de la plus sincère cordialité, furent échangés entre le Ministre & Sir Edwin Cornwall.

Cette charmante fête se prolongea tard dans la nuit & laissa à tous ceux qui y prirent part la plus agréable impression.

JOURNÉE DU VENDREDI 9 FÉVRIER.

EXERCICES PHYSIQUES D'ENFANTS AU GYMNASE VOLTAIRE. — VISITE À L'ÉCOLE BOULLE. — VISITE À L'ÉCOLE PRIMAIRE SUPÉRIEURE DE JEUNES FILLES EDGAR-QUINET; AU COLLÈGE MUNICIPAL CHAPTAL; AU GROUPE SCOLAIRE DE LA RUE JOUFFROY. — EXERCICES À LA CASERNE DE POMPIERS DE LA RUE CARPAUX. — VISITE AU GROUPE SCOLAIRE DES ÉPINETTES. — REPRÉSENTATION À L'ALHAMBRA. — SOUPER D'ADIEU AU GRAND-HÔTEL.

Cette dernière journée fut consacrée aux élèves des diverses écoles municipales.

Plusieurs des membres du Conseil de Comté de Londres ayant exprimé le désir de posséder, comme souvenir des bonnes journées passées ensemble, une photographie de leur groupe & des Conseillers municipaux de Paris, tous ont été photographiés sur les marches de l'Opéra, avant de partir pour le gymnase municipal Voltaire, où l'on devait leur montrer divers exercices des enfants des écoles communales.

Les landaus de la Ville, dûment encadrés de leur escorte habituelle de gardes à cheval, suivent ensuite les grands boulevards jusqu'à la place de la République, puis prennent le boulevard Voltaire & s'arrêtent à 10 heures & demie au gymnase Japy, où les Conseillers anglais assistent à une charmante petite fête organisée par M. Bedorez, directeur de l'Enseignement. Ils sont reçus à leur arrivée par M. Chautard, président de la 4ᵉ Commission du Conseil municipal, chargée de l'enseignement & des beaux-arts, et par **MM.** Chausse & J. Weber, élus des quartiers limitrophes.

Dès leur entrée dans la vaste salle du gymnase, les Hôtes de Paris prennent place sur l'estrade & sont accueillis par le chant *en anglais* du *God save the King*, parfaitement exécuté par un millier de jeunes garçons & de fillettes des écoles primaires de la région, sous la direction de M. Chapuis, inspecteur principal du chant.

A la demande des membres du Conseil de Comté, la dernière strophe de l'Hymne national anglais dut être bissée & les enfants eurent le plaisir d'entendre leurs visiteurs répondre par de mâles hourras à leurs juvéniles acclamations.

Puis une fillette s'avança & lut *en anglais,* fort clairement, une sorte d'adresse où, parlant au nom de ses petits camarades, elle disait aux Délégués de Londres :

...Nous savons bien que vous êtes les amis des écoles & des écoliers. Nous vous demandons de transmettre nos souhaits cordiaux à nos petits amis anglais avec lesquels nous voulons rester amis toute la vie.

A vous, Messieurs, nous exprimons notre gratitude & du cœur & de la voix, nous vous crions : «Vive le County Council!»

Cette petite harangue obtint auprès des visiteurs le plus vif succès; mais l'enthousiasme des Conseillers de Londres redoubla quand ils surent que la jeune écolière n'était autre que la fille d'un de leurs collègues parisiens, M. Ranson.

Sir Edwin Cornwall, après lui avoir dit combien ses collègues & lui étaient touchés des sentiments qu'elle venait d'exprimer, lui déclara qu'il ferait distribuer ses paroles au million d'écoliers de Londres. Il l'invita à venir prendre place sur l'estrade à côté de lui.

Les jeunes gymnastes, sous la direction de leurs professeurs,

MM. Désiré Séché, Vidal & Mme Lamy, exécutèrent ensuite, au commandement, des exercices d'assouplissement à mains libres & des mouvements de boxe avec un entrain & un ensemble parfaits.

Pour terminer cette intéressante séance d'exercices physiques, les fillettes, uniformément habillées (un nœud blanc dans les cheveux, un flot de rubans tricolores sur l'épaule gauche & une collerette de broderie sur le tablier noir), se livrent avec des bâtons, des raquettes & des balles à des jeux d'ensemble qui font valoir leur adresse & leur grâce, pendant que leurs fraîches voix charment les oreilles par les vieilles chansons populaires : le *Moulin de maître Pierre*, les *Sabots de la reine Anne*, *Il faut te marier*, *Papillon couleur de neige*, &c.

Sur un signe, toutes s'arrêtent, font à leurs visiteurs une jolie révérence & se sauvent ensuite au fond du vaste préau comme une volée d'oiselets.

Tous les enfants chantent alors une strophe de la *Marseillaise*, puis, à la demande des Conseillers anglais, encore un couplet du *God save the King*, agrémenté d'un vigoureux : « Hourra ! ». Les visiteurs applaudissent longuement les gentils protagonistes de cette succession de gracieux exercices de gymnastique enfantine & expriment leur vive satisfaction à leurs collègues parisiens.

Sir Edwin Cornwall remercie chaleureusement les inspecteurs, les maîtres & les instituteurs des écoles communales, qui ont été les organisateurs de cette fête enfantine si réussie; après lui, un de ses prédécesseurs à la présidence du Conseil de Londres, qui s'est beaucoup occupé de l'éducation des enfants, Sir William Collins, dit, en français, quel a été le plaisir éprouvé par ses collègues : il félicite en leur nom M. Chautard, président de la Commission de l'Enseignement, des méthodes mises en application sous leurs yeux. Enfin, escortés par les enfants qui ne cessent de les acclamer, les Conseillers de Londres regagnent leurs voitures.

VISITE DE L'ÉCOLE DU MEUBLE, DE L'ÉCOLE EDGAR-QUINET, DU COLLÈGE CHAPTAL ET DU GROUPE SCOLAIRE JOUFFROY.

Le cortège suit le boulevard Voltaire, traverse la place de la Nation, où les Conseillers anglais admirent l'œuvre magnifique de Dalou, *le Triomphe de la République,* et, à midi, arrive à l'École Boulle, instituée pour les jeunes gens qui se destinent aux industries de l'ameublement.

L'heure du déjeuner avait fait sortir de leurs ateliers un grand nombre d'ouvriers & d'ouvrières; aussi les membres du Conseil de Comté furent-ils acclamés chaleureusement sur leur passage. Cette manifestation sympathique de la laborieuse population de ce quartier ouvrier les toucha profondément.

Devant la grille donnant sur la rue de Reuilly où se trouve cette école d'apprentissage, & dans la longue ruelle qui y donne accès, les enfants d'une école maternelle voisine formaient la haie. Deux tout petits écoliers de quatre ans vinrent offrir un bouquet au Président du Conseil de Londres, qui les prit dans ses bras & les embrassa sur les deux joues.

Reçus par MM. Chausse, président du Comité de patronage; Soleau, fabricant de bronzes, vice-président, & Moulié, directeur de l'école d'ameublement, les Édiles londonniens, bien que fort intéressés par cette visite, n'ont pu que traverser les ateliers de menuiserie, d'ébénisterie, de gravure & de ciselure, de sculpture sur bois & de modelage, où les élèves continuaient à travailler sous leurs yeux. Beaucoup regrettaient de ne pouvoir s'attarder, & tous exprimaient leur vive satisfaction des choses qu'ils voyaient.

En souvenir de sa visite, M. Moulié présente à Sir Edwin Cornwall une plaquette en cuivre frappé, représentant *le Travail*, exécutée par les élèves de l'école. Une plaquette semblable a été ensuite envoyée à tous ses collègues.

Il était plus d'une heure quand les Conseillers anglais, les Conseillers parisiens & les journalistes qui les avaient accompagnés dans leurs visites arrivèrent à la brasserie Karcher, rue des Pyrénées, où eut lieu le déjeuner qui coupait cette journée bien remplie. Il n'y eut ni discours ni toasts, mais les Conseillers anglais & français burent, entre voisins de table, à la santé les uns des autres le plus joyeusement & le plus cordialement du monde.

Après déjeuner, le cortège se reforma &, par la rue Ordener, les boulevards Barbès & de Rochechouart, la rue de Gérando & l'avenue Trudaine, il gagna la rue des Martyrs où l'on visita l'École primaire supérieure de jeunes filles Edgar-Quinet.

Les visiteurs furent accueillis en quittant les voitures par les enfants de l'école maternelle voisine criant : « Vivent les Anglais! » & poussant de joyeux hourras. A l'école ils furent reçus par M. Henri Turot, président du Comité de patronage, par MM. Sohier & Paul Escudier, ainsi que par la Directrice, Mme Janin.

Les jeunes filles élèves de l'école chantent en anglais *God save the King* & un chœur de *Lalla-Rouck;* puis la Directrice adresse une allocution & dirige la visite de l'établissement,

ÉCOLE PRIMAIRE SUPÉRIEURE DE JEUNES FILLES
DGAR-QUINET

LES ELÈVES DU COLLÈGE CHAPTAL
ACCLAMANT LES HÔTES DE PARIS

ÉCOLE PRIMAIRE SUPÉRIEURE DE JEUNES FILLES
DUPANLOUP

LES ÉLÈVES DU COLLÈGE CHAPTAL
ACCLAMANT LES HÔTES DE PARIS

après que Mⁱˡᵉ Mespoulet, fille d'un professeur au lycée Carnot, leur eut fait, en excellent anglais, un compliment de bienvenue très apprécié.

On passe dans les classes &, au cours de leur rapide examen, les Conseillers anglais reçoivent des élèves, dans leur langue maternelle, des explications sur les études & les professions auxquelles cette école prépare.

Les institutrices & les jeunes élèves offrent ensuite un goûter préparé par les élèves elles-mêmes; les visiteurs, se déclarant tout à fait charmés de leur aimable réception, allaient se retirer, quand un bouquet leur fut présenté par une ancienne élève de l'école, Mᵐᵉ Jeanne Lagarde, fille du Docteur Brousse. Ils se rendirent ensuite au collège Chaptal.

On arrive aux portes du collège municipal Chaptal à 4 heures.

M. André Lefèvre, président du Comité du collège, & M. Weill, directeur, reçoivent les Délégués anglais, entourés des professeurs de ce bel établissement, que plusieurs membres du Conseil de Comté connaissent déjà de réputation.

Conduits dans la bibliothèque, ils entendent l'Hymne national anglais, joué avec beaucoup d'entrain par l'orchestre des élèves, puis ils visitent les classes, le laboratoire de chimie & l'amphithéâtre, où on leur montre les projections avec lesquelles les professeurs illustrent leurs cours de géographie ou de sciences.

Les élèves du collège, petits & grands, font à leurs visiteurs une réception des plus chaleureuses. Dans les cours, les couloirs, les classes, partout, ils rivalisent de hourras, de bans & d'acclamations, & la cordialité de l'accueil de toute cette jeunesse de 14 à 19 ans émeut visiblement les membres du

Conseil de Comté; ceux-ci se font donner mille explications sur le but & l'importance des études de ce magnifique établissement municipal d'enseignement moderne.

Ils sont particulièrement frappés d'entendre un aussi grand nombre de ces jeunes gens s'exprimer clairement en anglais.

A leur sortie du collège Chaptal, Sir Edwin Cornwall & Sir Williams Collins remercient très vivement M. André Lefèvre & le directeur de la réception touchante faite à leurs collègues par les professeurs & par les élèves.

Ces derniers, groupés spontanément autour des landaus, firent encore aux Hôtes de Paris une magnifique ovation, entourant les voitures & agitant une quantité de drapeaux anglais en chantant : *For he is a jolly good fellow*.

On visite ensuite le groupe scolaire de la rue Jouffroy, où Sir Edwin Cornwall reçoit de nouvelles gerbes de fleurs des enfants. Les plus grandes élèves servent un thé que les Londonniens déclarent irréprochablement préparé; puis l'on se hâte, la nuit venant vite, vers l'hôpital Bretonneau & vers la caserne des sapeurs-pompiers de la rue Carpeaux.

À L'HÔPITAL BRETONNEAU
ET A LA CASERNE DES POMPIERS DE LA RUE CARPEAUX.

Pendant que quelques-uns des Conseillers de Londres vont visiter l'hôpital d'enfants, où ils sont reçus par M. Mesureur, directeur de l'Assistance publique, le plus grand nombre des membres du «County Council» assistent à une série d'exercices des sapeurs-pompiers dans la cour de la caserne, où ils sont reçus par M. Lépine, préfet de Police, M. Laurent, secrétaire général de la Préfecture de Police, le Colonel Bellanger, commandant le régiment des pompiers, & les officiers de la caserne. Un programme des manœuvres, en anglais & en français, fut distribué aux spectateurs de ces exercices; nous le reproduisons à la page suivante à titre de document.

Tout d'abord, un peloton de sous-officiers instructeurs & de sapeurs exécuta des exercices d'assouplissement & de gymnastique aux agrès avec une rare perfection & un ensemble impeccable.

La vigueur & l'agilité des pompiers provoquèrent les applaudissements répétés de l'assistance, & Sir Edwin Cornwall pria le Colonel de transmettre à ses hommes les félicitations sincères de tous ses collègues.

On explique ensuite aux visiteurs le fonctionnement des appareils respiratoires usités dans les feux de cave, de la pompe automobile électrique de premier secours, des pompes à vapeur & des échelles de secours.

Après diverses manœuvres d'échelles de sauvetage, on fait une démonstration pratique des manœuvres en simulant l'attaque d'un incendie. L'alarme est donnée par une sonnerie, les chevaux viennent d'eux-mêmes se mettre sous les harnais, les pompes à vapeur sont prêtes en moins d'une minute & de toutes parts les sapeurs accourent.

Ils attaquent le bâtiment incendié, procèdent à des opérations de sauvetage, descendent du quatrième étage des camarades figurant les locataires de la maison en feu, dressent leurs immenses échelles & mettent toutes les pompes en action avec une rapidité remarquable.

Ces intéressants exercices sont très applaudis & les visiteurs complimentent chaleureusement le Préfet de Police & les officiers des sapeurs-pompiers pour le parfait entraînement des hommes & l'excellent fonctionnement de leur matériel d'incendie.

VISIT
OF THE LONDON COUNTY COUNCILLORS
TO THE FIRE BRIGADE'S BARRACK OF CARPEAUX STREET.

THE FIRE BRIGADE.

PROGRAMME OF MANŒUVRES
THE 9TH OF FEBRUARY 1906.

GYMNASTICS :

Introduction. — Movements to develope suppleness. — Exercise, simultaneous use of hooked ladders, etc. — Gymnastic exercise in climbing. Human pyramid. — Climbing a high wall.

VISIT TO THE BARRACKS.

FIRE DRILL :

THEME. — Fire has broken out in a shop on the ground floor, has spread to the house for exercise and to the pavillon occupied by the petty-officers. Some persons have taken refuge on the upper floors and are in danger, for it is not possible to escape by the staircase.

DETAILS OF THE OPERATIONS.

Instantaneous departure of the electric pump.
Harnessing and departure of four conveyences with means of succour.
The fire is attacked by the electric pump.
Then the conveyences arrive; and with the hooked ladders, the repes and large fire escapes they bring, the work of salvage is begun.
Methods of protection.

REINFORCEMENTS. — The automobile fire engin and three steam fire engins come in rapid succession to play upon the fire.
Complete extinction of the fire and conclusion of the manœuvres.

Assembly and the salutation of honour by the company of gymnastes.

THE COLONEL,
Signed : BELLANGER.

VISITE
DE MM. LES MEMBRES DU « LONDON COUNTY COUNCIL »
À LA CASERNE DE LA RUE CARPEAUX.

RÉGIMENT DE SAPEURS-POMPIERS.

PROGRAMME DES MANŒUVRES
DU 9 FÉVRIER 1906.

GYMNASTIQUE :

Présentation. — Mouvements d'assouplissement.
Travail simultané aux agrès. — Escalade du portique. — Pyramide.
Escalade de la façade d'exercices.

VISITE DU CASERNEMENT.

EXERCICES D'INCENDIE :

THÈME. — Un feu qui a pris naissance dans un magasin, au rez-de-chaussée, s'est communiqué à la maison d'exercices & au pavillon sud des sous-officiers. Des personnes réfugiées aux étages supérieurs sont en danger; les escaliers sont impraticables.

DÉTAIL DES OPÉRATIONS.

Départ instantané de la pompe électrique.
Attelage & départ des quatre voitures de secours.
Attaque du feu par la pompe électrique, puis par le fourgon.
Sauvetages opérés à l'aide des échelles à crochets, de cordages & des grandes échelles.
Service de protection.

RENFORTS. — La pompe automobile & trois pompes à vapeur viennent successivement renforcer l'attaque.

Extinction complète & fin de la manœuvre.

Rassemblement & salut d'honneur par le peloton des gymnastes.

LE COLONEL,
Signé : BELLANGER.

LE GROUPE SCOLAIRE DES EPINETTES.

La nuit est tout à fait venue lorsqu'on arrive à l'école & au square des Épinettes. Ce jardin est entièrement illuminé & le coup d'œil qu'il présente est véritablement très joli, avec les guirlandes de feu entourant les pelouses & les ballons rouges placés à profusion dans les arbres.

La foule, très dense, acclame vigoureusement les visiteurs, venus dans le quartier représenté au Conseil municipal par le Docteur Brousse. L'école de la rue Petiet instruit un nombre considérable d'enfants de ce populeux quartier des Épinettes; les jeunes écoliers, munis de petits drapeaux anglais & français, font, à leur tour, un accueil enthousiaste aux Hôtes des Parisiens.

M. le Président du Conseil municipal conduit les Conseillers anglais dans le grand préau de l'école, où se sont groupés les maîtres & les maîtresses de ces phalanges d'écoliers, ainsi que les délégués de la Caisse des écoles de l'arrondissement; une société locale joue les Hymnes anglais & français.

Au milieu des hourras des enfants & au bruit des acclamations de la foule massée autour du square & de l'école, M. Paul Brousse boit encore à la santé des visiteurs qui, à leur sortie, sont l'objet d'une magnifique ovation.

Les Édiles de Londres, enchantés de cette journée si remplie & de la splendide réception qui leur a été faite par la jeunesse des écoles de Paris, regagnent enfin le Grand-Hôtel où un dîner, dépourvu de tout apparat officiel, a réuni les membres du Conseil de Comté, leurs collègues parisiens & leurs familles.

REPRÉSENTATION AU CONCERT DE L'ALHAMBRA.
SOUPER D'ADIEU AU GRAND-HÔTEL.

Le soir, une représentation extraordinaire fut offerte par la Municipalité de Paris à la salle de l'Alhambra, puis un souper d'adieu, servi par petites tables, eut lieu au Grand-Hôtel.

Cette réunion intime vit se produire une démonstration de gratitude en faveur de M. le Capitaine Hemphill & de M. le Syndic Léopold Bellan, dont tous les assistants apprécient le rôle dans l'organisation des fêtes de Londres & de Paris.

TOASTS DE SIR EDWIN CORNWALL, DE M. LÉON BARBIER,
DE M. LE PRÉSIDENT DU CONSEIL MUNICIPAL.

A la fin de ce souper auquel la présence des dames ajouta une note charmante d'élégance, des discours ont été improvisés. Nous nous efforcerons d'en donner un écho fidèle :

Sir Edwin Cornwall, président du « London County Council », très vivement applaudi, commence par faire allusion au profond plaisir éprouvé cette semaine par tous les membres du « County Council ». Le plus grand est celui de pouvoir porter ce soir la santé du Conseil municipal de Paris. Dans aucune occasion, cette santé ne pourra être portée avec plus de sincérité, de gratitude & d'enthousiasme. (*Applaudissements.*)

L'orateur déclare qu'il lui est impossible d'exprimer tous les sentiments qu'il ressent. Il faudrait pour cela que chacun des membres du « County Council » prît la parole, & même, après les avoir entendus, le Conseil municipal ne connaîtrait que la centième partie de toute la gratitude qu'ils voudraient lui exprimer.

Malgré l'idée anticipée & si méritée que ses collègues & lui s'étaient faite de cette visite à Paris, la réalité a dépassé tout ce qu'ils avaient pu concevoir.

L'orateur fait allusion aux attentions collectives & individuelles de chaque membre de la Municipalité de Paris envers les Délégués du «County Council» pendant toute cette semaine.

Sir Edwin Cornwall ajoute que leur gratitude sera éternelle & qu'il est impossible, dans un discours, de pouvoir exprimer ce que l'on ressentira dans tout le cours de son existence. (*Rires & applaudissements.*)

Mais ce qu'il peut dire, c'est que les liens qui existent entre les deux villes ne pourront être rompus; il en a eu la preuve dans les manifestations affectueuses que leur ont faites les petits enfants des écoles, qui, de leur propre initiative, ont parlé de l'entente cordiale. Cela marque une époque.

Ses collègues & lui diront tout ce qu'ils ont vu ici; ce sera une excellente leçon de choses dont bénéficiera la population de Londres, & la gratitude des habitants de Londres pour l'expérience acquise à Paris sera le meilleur remerciement de votre hospitalité. (*Vifs applaudissements.*)

Sir Edwin Cornwall a remarqué que les efforts évidents de la Municipalité parisienne étaient en faveur du perfectionnement du goût artistique parisien, de ce goût si exquis universellement apprécié.

Il exprime au Docteur Paul Brousse, président du Conseil municipal, toute la gratitude & l'amitié des membres du «County Council» de Londres. (*Vifs applaudissements.*)

Il adresse ses félicitations à M. de Selves, préfet de la Seine, à M. Lépine, préfet de Police, à M. Léon Barbier, président du Conseil général de la Seine, & enfin, à son bon ami M. Bellan, syndic du Conseil municipal. (*Applaudissements & bravos prolongés.*)

L'orateur dit que, s'il savait parler français, il serait heureux de s'entretenir quelques instants avec Mme Bellan, pour lui dire combien il admire son mari. (*Sourires & applaudissements.*)

Il dit que quelques-uns connaissaient déjà la réputation de M. Bouvard, répandue par delà les mers, pour ses grands travaux d'architecture & pour son génie d'organisateur, mais que tous ont pu l'apprécier & l'admirer pendant cette semaine. (*Bravos & applaudissements.*)

Il se félicite de voir que les dames de MM. les Conseillers ont bien voulu venir embellir cette soirée de leur présence & il les remercie d'avoir permis à leurs maris de s'absenter si longtemps pour accompagner le «County Council» dans Paris. (*Rires.*)

L'orateur rappelle la magnifique réception qui leur a été faite par M. le Président du Conseil, ministre des Affaires étrangères, & par M. le Ministre de l'Intérieur, & enfin, celle si charmante & devant constituer un point d'histoire, qui leur a été accordée par M. le Président de la République.

Il termine en disant que la population de Londres se joint à ses collègues & à lui pour porter un toast au Conseil municipal de Paris & au Docteur Paul Brousse. (*Salve d'applaudissements & bravos prolongés.*)

Un triple hourra est successivement poussé en l'honneur de MM. Paul Brousse, Bellan & Bouvard. Les convives anglais chantent ensuite la chanson d'usage en Angleterre pour fêter un camarade : *For he is a jolly good fellow.*

M. Léon Barbier, président du Conseil général, remercie M. le Président du «County Council» d'avoir bien voulu associer le Conseil général aux souvenirs qu'il conservera de son séjour à Paris.

Il lève son verre en l'honneur des membres du «County Council», de son Président & de tous nos amis d'Angleterre. (*Applaudissements.*)

M. Paul Brousse, président du Conseil municipal, s'est enfin exprimé ainsi en portant le dernier toast :

MESDAMES,

MESSIEURS,

Dans quelques heures, ces Messieurs, que nous aimons maintenant comme de bons amis, seront loin, & nos regrets seraient vifs si nous n'avions deux consolations : la première, c'est l'œuvre immense qui a été accomplie en moins de deux mois & seulement par deux voyages; cela a suffi pour créer entre deux peuples qui se méconnaissaient auparavant & qui gagnent à se connaître une entente indestructible, c'est le mot qui sera historique, & par lequel la civilisation sera assurée dans l'Europe tout entière. (*Très bien! Très bien!*)

La seconde consolation, c'est que votre départ n'est qu'apparent, car mon bon ami Sir Edwin Cornwall m'a confié ses projets & je lui ai confié les miens.

Nous avons conspiré tous les deux sans faire voter des conseillers municipaux; mais je pense que nous serons amnistiés, lui & moi, par nos collègues.

En effet, il nous a semblé que l'entente faite pour le présent devait être prolongée par une entente pour l'avenir & qu'il faudrait que les enfants qui déjà s'acclament à Londres & à Paris, qui sont la semence, la graine de l'entente cordiale future, puissent se voir par des délégations.

En outre, il me semble qu'il n'est pas possible que nous, Messieurs, ayons lié connaissance & que les dames anglaises, qui nous ont si bien reçus, & les dames françaises, qui vous reçoivent si bien, ne soient pas aussi mises en présence les unes des autres, car, sans elles, l'entente cordiale ne serait pas complète. (*Très bien! Très bien! Applaudissements.*)

Je remercie toutes les personnes qui ont contribué à l'organisation des fêtes si brillantes auxquelles nous avons assisté. D'abord nous avons à Paris M. le Capitaine Hemphill — ils ont à Londres M. Bellan. (*Rires & applaudissements.*) Je vous propose de boire au Bellan de Londres comme nous avons bu au Hemphill de Paris. (*Nouveaux applaudissements.*)

Ensuite, j'estime que l'homme qui, le premier, a parlé d'entente cordiale entre Londres & Paris mérite bien l'ovation qu'il m'a faite, car je n'y avais aucun titre. C'est à cet édile de Londres, qui a fait l'entente cordiale municipale, que doivent aller nos acclamations (*applaudissements*); c'est pourquoi je pense que, par ma voix, tous mes

LA PRÉFECTURE DE POLICE

LE BOUQUET
DES ENFANTS DE L'ÉCOLE MATERNELLE

LE PRÉSIDENT
DU CONSEIL DE COMTÉ
EMPORTANT
LES FLEURS OFFERTES PAR LES ENFANTS

À L'ASILE CLINIQUE

AU MUSÉUM D'HISTOIRE NATURELLE
AU PARC DE VERSAILLES

LA PRÉFECTURE DE POLICE

LE BOUQUET
DES ENFANTS DE L'ÉCOLE MATERNELLE

À L'ASILE CLINIQUE

LE PRÉSIDENT
DU CONSEIL DE COMTÉ
RAPPORTANT
LES FLEURS OFFERTES PAR LES ENFANTS

AU MUSEUM D'HISTOIRE NATURELLE
17, PARC DE VERSAILLES

Imp. Ch. Wittmann

collègues à quelque opinion qu'ils appartiennent, porteront un toast enthousiaste à notre ami Sir Edwin Cornwall. (*Double salve d'applaudissements & acclamations.*)

Pour terminer, je vous demande de rendre à nos collègues la courtoise politesse qu'ils ont eue à Versailles — au Windsor français — d'envoyer au Président de la République un télégramme affectueux & respectueux. Je vous demande d'adresser en leur nom & au vôtre, de concert avec mon ami Sir Edwin Cornwall, un télégramme à Sa Majesté Édouard VII. (*Applaudissements prolongés.*)

Avec mes remerciements à la presse municipale & aux correspondants étrangers pour leurs concours, je porte un toast au Président du Conseil municipal de Londres & à tous ses collègues, & je vous prie de chanter pour moi, car je suis presque aphone, la chanson que vous savez.

Un triple hourra est successivement poussé en l'honneur de Sir Edwin Cornwall & du Captain Fitz Roy Hemphill. Les convives français chantent ensuite la chanson en usage en Angleterre : *For he is a jolly good fellow*.

Et cette série de fêtes prend ainsi fin au milieu des marques répétées de la plus cordiale sympathie & de la plus sincère amitié entre les Représentants élus de Londres & de Paris.

JOURNÉE DU SAMEDI 10 FÉVRIER.

DÉPART DU GRAND-HÔTEL. — CONFÉRENCE SUR LE PROJET DE TUNNEL SOUS LA MANCHE À LA GARE DU NORD. — RÉCEPTION PAR LA MUNICIPALITÉ ET LA CHAMBRE DE COMMERCE DE CALAIS. — ENVOI D'ADRESSES À S. M. LE ROI D'ANGLETERRE. — ÉCHANGE DE DÉPÊCHES.

Le départ pour Londres des invités de la Ville de Paris eut lieu, du Grand-Hôtel, le samedi à 11 h. 15.

Reçus à la gare du Nord par M. Sartiaux, ingénieur en chef des services d'exploitation, les membres du Conseil de Comté, accompagnés de leurs collègues du Conseil municipal de Paris presque au complet, ont été conduits au buffet de la gare où, avant de vider une dernière coupe de champagne, M. Sartiaux a fait un très intéressant exposé d'un projet de tunnel sous la Manche.

L'éminent ingénieur avait fait exposer un relief figurant la nature du terrain entre la rive française de Calais & la rive anglaise de Douvres & de Folkestone, ainsi que les plans d'un projet très étudié, auquel on travaille depuis 1873, & qui fut soumis à cette époque en même temps aux deux Parlements français & anglais. Il déclara que, tout malentendu entre les deux nations étant maintenant dissipé, le moment lui paraissait favorable pour examiner à nouveau les moyens de réaliser ce projet gigantesque.

La ligne, partant du cap Blanc-Nez, aboutirait à Folkestone, à 111 kilomètres de Londres. La construction de cet ouvrage a été évaluée à la somme de 150 à 200 millions de francs;

elle permettrait d'effectuer le trajet entre Paris & Londres en six heures & demie, tout en bravant le mal de mer.

Le nouveau projet semble donner satisfaction aux vœux formulés par diverses autorités militaires ou maritimes anglaises, en plaçant le *terminus* de la ligne en Angleterre sous le feu des canons des forts ou des vaisseaux.

Sir Edwin Cornwall, dans sa réponse, s'est plu à reconnaître les efforts efficaces de la Compagnie des chemins de fer du Nord pour faciliter les relations entre la France & l'Angleterre; il se déclare un ancien partisan de l'établissement d'un tunnel sous-marin & exprime l'espoir que le nouveau projet contribuera à faire disparaître l'opposition & qu'on en verra bientôt commencer les travaux.

M. le Président du Conseil municipal s'associe à ces vœux; il espère aussi que le projet de tunnel sous la Manche se réalisera; « mais cette réalisation, ajoute-t-il, dépend surtout des Anglais, car, de notre côté, comme vient de le faire constater M. Sartiaux, tout est prêt depuis longtemps ».

L'heure du départ est arrivée : on échange sur le quai de vigoureuses poignées de main & maintes accolades émues avant de monter dans le train spécial qui est préparé. Dans les deux voitures-restaurants, les menus du déjeuner sont frappés aux armes de Londres & de Paris.

Quand le train se met en marche, de formidables hourras retentissent & les Conseillers parisiens ainsi que M. Autrand, secrétaire général de la Préfecture de la Seine, représentant M. de Selves, préfet de la Seine, les hauts fonctionnaires de de la Ville & les représentants de la presse parisienne saluent leurs hôtes jusqu'à ce que les wagons aient disparu.

RÉCEPTION PAR LA MUNICIPALITÉ
ET LA CHAMBRE DE COMMERCE DE CALAIS.

A la gare maritime de Calais, les Membres du Conseil de Comté furent reçus, sur le quai, par M. le Maire & la Municipalité calaisienne, le Président & les Membres de la Chambre de commerce de Calais, qui, après les avoir complimentés, les prièrent d'accepter une coupe de champagne afin de permettre aux représentants des Calaisiens de boire à leur bon retour à Londres.

Sir Edwin Cornwall remercia la Municipalité & la Chambre de commerce de leur aimable attention & but à la prospérité de la ville de Calais.

Puis il gagna le bateau à turbines l'*Invicta*, dont le départ fut salué des vivats prolongés des assistants.

ÉCHANGE DE DÉPÊCHES.

Avant de quitter la gare du Nord, M. Paul Brousse, président du Conseil municipal de Paris, au nom de tous ses Collègues, a adressé le télégramme suivant à Londres :

Au Grand-Maître de la Cour d'Angleterre, Londres.

Au moment où, après une inoubliable semaine d'affectueuse vie commune, les Conseillers municipaux de Londres & de Paris vont se séparer, les Représentants de Paris, sûrs d'être les interprètes fidèles de la population tout entière, vous prient de présenter à Sa

Majesté Édouard VII l'hommage de leur profonde & respectueuse affection.

Signé : Paul BROUSSE.

En même temps, M. Léon Barbier, président du Conseil général du département de la Seine, a tenu à associer la population du département à cette courtoise manifestation, par l'envoi au Grand-Maître de la Cour de Saint-James du télégramme que voici :

Au moment où le County Council de Londres va quitter la France, emportant les regrets, les sympathies & l'estime de nos populations, le Président du Conseil général de la Seine vous prie de vouloir bien faire agréer à Sa Majesté Édouard VII le nouvel hommage des sentiments profondément respectueux de ses Collègues & de leur Président.

Signé : Léon BARBIER.

Au moment de quitter la France, sur le quai de Calais, où MM. G. Cadoux & E. Schwartz, chefs de bureau du secrétariat du Conseil municipal, vinrent le saluer une dernière fois au nom de la Ville de Paris, Sir Edwin Cornwall adressa à M. le Président du Conseil municipal de Paris la dépêche suivante :

Calais-Maritime, 4 h. 10 soir.

Le Président & les Membres du Conseil de Comté de Londres, en quittant le sol français, désirent exprimer aux Membres du Conseil municipal de Paris toute leur gratitude & tous leurs remerciements pour la réception splendide qui leur a été faite & pour la bonne hospitalité qu'ils ont reçue pendant toute leur heureuse & intéressante visite.

Signé : Edwin CORNWALL.

M. le Docteur Paul Brousse, à la réception de cette dépêche, a répondu en télégraphiant à Londres à Sir Edwin Cornwall :

Nous sommes, mes Collègues & moi, profondément touchés des sentiments affectueux que vous voulez bien nous exprimer en votre nom & au nom de tous les Membres du London County Council, & nous serons heureux que votre séjour à Paris contribue à resserrer les liens fraternels qui unissent nos deux Capitales & nos deux Nations.

Signé : Paul BROUSSE.

TOAST OF M. LE Dr PAUL BROUSSE IN LONDON.

MR. THE PRESIDENT OF THE LONDON COUNTY COUNCIL,
GENTLEMEN, MEMBERS OF THE COUNCIL,
GENTLEMEN,

Nothing in this world springs spontaneously into existence and your visit is in keeping with this law. Better than a happy incident, it is one of the most interesting episodes of the evolution which has led our two countries to that «entente cordiale» correctly described in London as a family reconciliation.

The relations between peoples are of necessity but slowly modified and this according to surrounding influences. In contemporary Europe, the two great constitutional nations, each devoted to the cause of freedom, united by the material bonds of industry and commerce, were bound to end by understanding their respective sentiments and interests.

To bring about this closer union we are the willing and sympathic workers.

By the broad thoroughfare that bears the name of avenue Victoria and leads to this the People's House, the sovereign whom every English heart remembers came to this very spot accompanied by Prince Albert, her Consort, and by her son, the Prince of Wales. The latter was fascinated by Paris and obstinately remained its friend. When he became King Edward VII, the Municipal Council recently had the honour of saluting him in this our Hôtel de Ville. Then came your sailors whose appearance seemed at once so energetic and re-asssuring. The were followed by your grave and pensive scientists. Also and on two occasions, I had the good fortune to greet as comrades in this town some of your working men; and, now, it is you who hasten to come, you who have been sanctified by the popular suffrage and represent five million inhabitants.

This is the crossing of the Channel, sovereigns in the front rank, of a whole nation. It is a pacific invasion. It is the conquest of the heart of that France from whence England, at its birth, derived a vigourous and vital portion of its people.

In its turn, the men of science, the sailors, the Members of Parliament, the Municipal Councilors and the President of the French nation have all visited the homes of England which has now become our liberal friend.

At this very moment these two good neighbours are sitting side by side in the Councils of Europe with this common object in view: the maintenance of peace.

On this strong foundation, the «entente cordiale», you have, Mr. the President of the London Municipal Council, grafted a practical idea : «l'entente municipale».

You told us, in your speech at the Cecil Hotel, that : «our meeting, however important, is but a small matter, when compared with this grand idea which we entertain, I mean the exchange of opinions between the great municipalities».

It is easy to see, Sir Edwin, that you are gifted with two of the great characteristics of the men of your race, — sentiment and the sense of the useful. Then as the joint visit of our great municipal services has already proved fruitful, you have manifested your intention of pushing further forward your project of «entente municipale». You contemplate so widening its application that it shall include all the large towns.

Thus our studies, based on comparing municipal administrations, will prove more profitable since the field of investigation will be so much enlarged; and you hope, by bringing together the elect of so many different nations, to strengthen the cause of peace. Between London and Paris, «l'entente cordiale» took the lead; «l'entente municipale» followed.

In the congress you propose to convoke, the march of events

would be in the inverse direction, it would be an enlarged «entente municipale» leading up to a still wider «entente cordiale».

This is no commonplace idea. It bears witness to your competence, to the elevated nature of your views, it does you honour, and, even if not realized, it assuredly merits the attention and approbation of all good citizens.

You appeal to the municipal spirit so that it may act on the national spirit. It was the municipal spirit that brought about the isolation of the ancient cities. It was the municipal spirit which, after having given, during the middle ages, its strength to the «bourgeoisie», and established the basis of its future greatness, became, with the Italian republics, the violent obstacle to the formation of nationalities. You rely on this municipal spirit to act as the guardian of the germ of international peace, and thus prepare the sublime harvest of pacification.

And why not? The spirit of discord is not immutable. On the contrary, in the great town in Paris, of all our various municipal services, I do not know one that can engender any sense of hatred in the minds of the citizens. On the contrary, all leads to concord : education, the measures of solidarity introduced in the schools, poor relief, public health, the creation of easy and agreeable means of transit, all these services are absolutely pacific in their purpose. Those who are successful workers in such pursuits must be admirably prepared to act as propagandists in favour of peace and liberty.

This bold project bears the mark of the Administrator who, during so many years, has placed his devotion and his capacities at the service of the great metropolis of London and on whom the electors have justly conferred a legitimate reward by choosing him as their representative in the House of Commons.

But, Gentlemen, you are not only learned colleagues who have come to us so as to carry out a municipal investigation. By the joy that beams on all your faces this evening, we feel that another motive has inticed you to undertake this voyage. This motive is friendship, it is the pleasure of good friends about to meet, and who are happy to be together once more. Since our last meeting some have grown, by reason of their election to the House of Commons, a matter about which I congratulate the electors. But I can easily perceive that in your hearts none among you have altered.

The sight of you all brings back to my mind our marvellous voyage when we were your guests. On that occasion, in spite of the bad season, your capital, the better to honour us, had donned almost a spring toilette. Why should this recollection bring a shadow across my mind? Is it regret, so keen at my age, of the days that have passed. That is not so, Gentlemen, it is the absence of those fairies who preside over your homes and who imparted so gracious a character to your reception. You will tell them, will you not, that tonight we remembered them. Here are our wives and our daughters, they have hastened to make you welcome, and ask you to convey the expression of their warmest gratitude back across the Channel.

In those days, hour by hour, minute by minute, the telegraph made known in France that in London, without distinction of parties, her children were being acclaimed. Look over this assembly. You will judge by the most distinguished men in all departments who assist us that it is not Paris alone which receives you, but the entire nation.

I invite you, Ladies and Gentlemen, to raise your glasses in honour of the President of the Municipal Council of London, to all our colleagues of the County Council, to the inalterable friendship of London and Paris.

TABLE DES PLANCHES.

	Pages.
Salle des séances du Conseil de Comté de Londres	5
Palais de S. M. le Roi d'Angleterre (Buckingham Palace)	16
Groupe scolaire de Hugh Middleton	40

Scènes de la visite à Londres :

Départ du palais du Roi	42
Musique de la Garde royale	42
Bienvenue des enfants à Hugh Middleton	42
Au Quartier général des pompiers	42

Le palais de la Corporation de la Cité de Londres :

Le salon du Lord-Maire	44
La salle des banquets	44

Emplacement du futur Hôtel de Ville de Londres sur la Tamise	50
Vues prises au cours de la promenade sur la Tamise	52
Le pont mobile sur la Tamise	54
Les grands réservoirs des eaux de Londres à Staines	56
Le Château royal de Windsor et le Mausolée de Frogmore (2 planches)	60
L'Hôtel de Ville de Paris (façade principale)	68
Fac-similé du programme de la soirée offerte à l'Hôtel de Ville le 5 février	82
Le landau des deux Présidents à la Bourse du commerce	100
Le landau des deux Présidents à la gare de Lyon	106
La visite à l'hôpital Boucicaut	106

Déjeuner au bois de Boulogne. La table d'honneur................... 108
Réception au Palais de Justice................................. 120
Réception au Marché aux bestiaux de la Villette.................... 120
Les jeunes filles de l'Ecole primaire supérieure Edgar-Quinet............. 132
Les élèves du Collège Chaptal acclamant les hôtes de Paris............. 132
Exercices de sapeurs-pompiers à la caserne de la rue Carpeaux (2 planches).. 136
Scènes diverses : la Préfecture de police; les enfants des écoles offrant des fleurs; au Muséum d'histoire naturelle; à l'Asile clinique.............. 142

TABLE DES MATIÈRES.

	Pages.
Bureau du Conseil municipal de Paris.	VII
Administration de la Ville de Paris & du Département de la Seine.	IX
Liste des Membres du Conseil municipal de Paris.	XI
Avant-Propos.	XVII
Relation officielle de la visite à Londres du Conseil municipal de Paris (16-21 octobre 1905).	1

Historique du Conseil de Comté de Londres. — Liste de ses Membres. — Comité de réception du Conseil municipal de Paris, présidé par Sir Edwin Cornwall. — Départ de Paris le lundi 16 octobre. — Arrivée à Londres. — Installation des Délégués parisiens chez leurs collègues de Londres. 3

Mardi 17 octobre. — Réception par S. M. le Roi Édouard VII au palais de Buckingham. — Déjeuner au quartier général des pompiers. — Visite des parcs. — Visite des logements d'ouvriers de Millbank. — Réception à l'Hôtel du Conseil de Comté. — Banquet offert par M. E. A. Cornwall & soirée chez lady Ludlow. 16

Mercredi 18 octobre. — Visite à l'hôpital français. — Écoles Hugh Middleton. — Inauguration des nouvelles voies de Kingsway & d'Aldwich. — Réception & déjeuner à Mansion House. — Promenades dans Londres. — Les quartiers de l'Est & le parc Victoria. — Visite à la nouvelle caserne de pompiers de High Street. — Réception par Lord Burnham au *Daily Telegraph*. 40

Jeudi 19 octobre. — Le futur hôtel de ville. — Hôtels garnis & maisons ouvrières. — La nouvelle usine électrique. — Le tunnel de Blackwall. — Bateaux à vapeur municipaux. — Bateau-pompe. — Réception à Stratford House par Lady Colebrooke. 51

Vendredi 20 octobre. — Les réservoirs de Staines. — Visite au château de Windsor. — Le mausolée de Frogmore. — Dîner d'adieu offert par le Colonel Probyn. 58

Samedi 21 octobre. — Le retour à Paris. 65

Relation officielle de la visite à Paris du Conseil de Comté de Londres (5-10 février 1905)............................ 67

    Préface.. 69

    Lundi 5 février. — Départ de Londres. — Réception de la Délégation à son arrivée à Paris. — Banquet à l'Hôtel de Ville. — Toasts. — Discours du Président du Conseil municipal de Paris; de M. de Selves, préfet de la Seine; de Sir Edwin Cornwall, président du Conseil de Comté de Londres. — Soirée dans les salons de l'Hôtel de Ville..................... 77

    Mardi 6 février. — Visite des Halles centrales & de la Bourse du commerce. — Allocution du Président de la Chambre de commerce. — Visite du Palais de justice & de la Préfecture de police. — Visite de la Monnaie. — Déjeuner au Bois de Boulogne. — Visite de l'hôpital Boucicaut. — Visite de l'Hôtel des Invalides. — Réception à l'Ambassade d'Angleterre. — Représentation de gala à l'Opéra............................ 100

    Mercredi 7 février. — Promenade à Sèvres & à Versailles. — Réception par M. le Président de la République à l'Élysée & par M. le Président du Conseil au Ministère des Affaires étrangères...................... 110

    Jeudi 8 février. — Visite de l'École professionnelle & ménagère Jacquard. — Visite du Marché aux bestiaux & des Abattoirs de la Villette. — Traversée de Paris. — Déjeuner au buffet de la gare de Lyon. — Visite au Muséum, à la Manufacture nationale des Gobelins, à l'Asile clinique Sainte-Anne, au Panthéon. — Réception à la Sorbonne. — Allocution de M. Liard. — Soirée au Ministère de l'Intérieur................................ 120

    Vendredi 9 février. — Exercices physiques d'enfants au Gymnase Voltaire. — Visite à l'École Boulle, à l'École primaire supérieure de jeunes filles Edgar-Quinet, au Collège Chaptal, au Groupe scolaire de la rue Jouffroy. — Exercices à la Caserne de pompiers de la rue Carpeaux. — Visite au Groupe scolaire des Épinettes. — Représentation à l'Alhambra. — Souper d'adieu au Grand-Hôtel.................................... 128

    Samedi 10 février. — Départ du Grand-Hôtel. — Conférence sur le Projet de tunnel sous la Manche à la gare du Nord. — Réception par la Municipalité & la Chambre de commerce de Calais. — Envois d'adresses à S. M. le Roi d'Angleterre. — Échange de dépêches...................... 144

Toast of M. le Dr Paul Brousse in London...................... 149

Table des Planches.. 153

www.ingramcontent.com/pod-product-compliance
Lightning Source LLC
Chambersburg PA
CBHW070622170426
43200CB00010B/1891